INTELLIGENT
智能大屏营销

渠道为王　内容为王　接触为王

严威　张瑾　姜岚 ◎ 著

中国广播影视出版社

图书在版编目（CIP）数据

智能大屏营销 / 严威，张瑾，姜岚著．-- 北京：
中国广播影视出版社，2020.8

ISBN 978-7-5043-8483-6

Ⅰ．①智… Ⅱ．①严… ②张… ③姜… Ⅲ．①电子设
备－市场营销 Ⅳ．① F764.6

中国版本图书馆 CIP 数据核字（2020）第 146766 号

智能大屏营销

严威　张瑾　姜岚　著

责任编辑　毛冬梅
封面设计　文人雅士

出版发行　中国广播影视出版社
电　　话　010-86093580　010-86093583
社　　址　北京市西城区真武庙二条 9 号
邮　　编　100045
网　　址　www.crtp.com.cn
电子邮箱　crtp8@sina.com

经　　销　全国各地新华书店
印　　刷　河北鑫兆源印刷有限公司

开　　本　710 毫米 ×1000 毫米　16/1
字　　数　200 千字
印　　张　13.75
版　　次　2020 年 8 月第 1 版　2020 年 8 月第 1 次印刷

书　　号　ISBN 978-7-5043-8483-6
定　　价　58.00 元

前言

纵观整个媒体行业的发展历史，我们经历了一个从渠道为王到内容为王再到接触为王的时代。在渠道为王的时代，渠道掌握着流量和内容，用户只能通过单一的直播场景去选择内容，用户对于渠道有较强的依赖性；之后，技术的发展带来了渠道的泛化，用户对渠道的依赖转变为对内容的追求，内容的重要性逐渐超过了渠道；今天，在智能融媒时代，人工智能技术将泛化的渠道重新整合，渠道变得透明，用户通过人工智能助手来选择和接触各种渠道，接触为王成为继渠道为王和内容为王之后的第三次浪潮。

在这一浪潮中，智能大屏显现出独特的优势。智能大屏不仅仅是一块屏幕，也不仅仅是一个渠道，而是一个可以与用户产生多种智能交互的接触点。一方面，智能大屏通过与用户接触，捕捉用户的行为数据，助力媒体与用户之间形成数据闭环，帮助媒体对内容进行快速迭代和优化，更好地适应用户的新特征和新习惯，保持与用户之间紧密的连接；另一方面，智能大屏演化成一个基于算法驱动的平台，利用收集到的用户行为数据，基于算法进行内容分发、人机交互以及广告投放。在智能融媒时代，媒体行业内的数据和算法应用将是大势所趋。

面对新浪潮和新趋势，媒体融合与传播国家重点实验室（中国传媒大学）、中国传媒大学经济与管理学院、中国人民大学商学院联合勾正数据，对智能大屏营销进行了全面深入的研究，并将研究成果汇集成此书。全书分为大屏生态、内容竞争、用户行为和个性推荐四个篇章。

大屏生态篇认为，全球新一轮科技革命和产业变革蓄势待发，引发媒体行业发生链式突破，不断催生新技术、新产品、新业态、新模式，并强力驱动媒体形态、服务模式以及传播模式发生巨大变革。智能大屏具备接触为王、数据闭环、算法驱动三个核心特征，势必成为未来的超级流量入口，裂变新物种、孵化新生态、探索新营销适逢其时。

内容竞争篇描绘了智能大屏内容战场的竞争态势全景图，尤其是提出了一套全新的大屏内容竞争智能分析算法集，包括基于向量表征的竞争内容识别算法和考虑网络流转的内容排名算法。这套算法集兼具三个突出优点：第一，驱动大屏，以精准算法识别大屏内容竞争的市场结构，刻画大屏内容的热度排行；第二，使能大屏，以竞争视角打通直播和点播的边界、各个频道间的边界、视频节目和广告的边界；第三，赋能大屏，以智慧方法透视内容战场竞争内核，为大屏生态多方创造价值。

用户行为篇研究了智能大屏用户收视多样性及其对收视率的影响，发现智能大屏用户收视行为存在八种日模式和六种周模式，可以用四种时间习惯来描述家庭之间的差异，同时智能大屏用户收视行为存在节日效应；并且，并不是每种收视行为都值得鼓励，虽然用户在时间模式上的收视多样性会增加收视率，但过多的视频类别反而会阻碍收视率的提升。对用户收视行为现象和规律的准确把握，无论对于智能大屏平台方、广告主还是内容提供商来说，都意味着新的机会。

个性推荐篇针对智能大屏的海量视频资源展开研究，力图解决用户所面临的信息超载问题。研究发现，第一，基于项目的协同过滤方法推荐准确率和召回率较高，基于用户的协同过滤方法能够覆盖更多的长尾视频；第二，隐式评分能够替代显式评分产生更好的推荐效果；第三，引入长度标量的隐式评分改进方式能够提升推荐效果；第四，基于项目的协同过滤方法在推荐数量为20时能够产生最优推荐结果。本篇设计并实验了智能大屏节目个性化推荐系统，提出了一种可行的解决方案。

在成书之际，首先要感谢勾正数据董事长兼CEO喻亮星先生对研究工作给予的支持，感谢龚琴及其产品团队的帮助，以及欢网科技韩风对本书大屏生态篇的研究贡献。其次，要感谢研究团队成员杨婷、王静雅、王晶三位研究生的努力工作，她们分别负责了本书的内容竞争、用户行为和个性推荐三个篇章的研究工作。同时，对中国广播影视出版社在本书编辑和出版过程中所做的各项工作也深表谢意。最后，本书为国家自然科学基金面上项目“基于在线问答社区的智能信息服务方法及其用户决策影响研究”（71772177）、国家社会科学基金重大项目“我国新闻传播业人工智能应用现状及发展趋向研究”（19ZDA327）、中国传媒大学中央高校基本科研业务费（CUC2019B082）以及“数字经济时代媒体价值的战略认知框架”（HW19181）阶段性研究成果，在此对资助一并表示感谢。

严 威

中国传媒大学经济与管理学院

2020年4月

目 录

第一章 大屏生态篇

第二章　内容竞争篇

第三章 用户行为篇

第四章 个性推荐篇

参考文献

图 目 录

表目录

PART
ONE

第一章

大屏生态篇

第一节　大屏时代

传媒行业发展始终伴随着技术的演进与流变。于电视而言，从主流传播媒介到家庭场景传播媒介，联网化成为电视发展的主流。从联网角度出发，通过OTT、IPTV、DVB任意一种方式，实现可联网、可寻址、可互动、可定向的电视，都被统称为智能大屏。

从2013年到2019年，智能大屏引领行业发展趋势愈加明显：IPTV、OTT用户数增长明显，在2017年，IPTV、OTT用户量级分别超越传统有线。IPTV可运营用户数截至2019年上半年达到2.81亿户，联网用户量跃居首位；OTT激活用户量为2.07亿台，位居次席；DVB有线电视缴费户数则相对萎缩，为1.44亿户，其中包含一定量级双向联网DVB，DVB联网用户量级为三种大屏联网接入方式中最低的。

从大屏整体来看，在不同的用户覆盖基础上，IPTV、OTT、DVB呈现不同的市场渗透表现。IPTV、OTT分别具有大屏50%、36%的市场渗透率，DVB大屏市场渗透率为26%。多种终端属性及接入方式形成了既互相区别，又互有交错的大屏渠道组合。

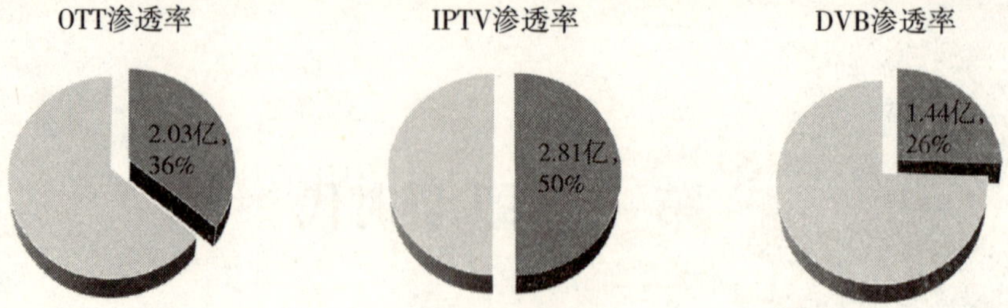

图1　OTT、IPTV及DVB市场渗透率

一、单向时代：直线流程，广电主导

在DVB单向传输时代，大屏生态相对单一化，以“内容制作-内容提供-内容审核及播控-内容传输-播出平台”直线型流程为主，参与角色有广电旗下制作部门、央卫视与地方电视台、各省市有线网络公司以及商业制作公司，广电系媒体参与并主导全链路，大屏生态模式呈现单向特质。

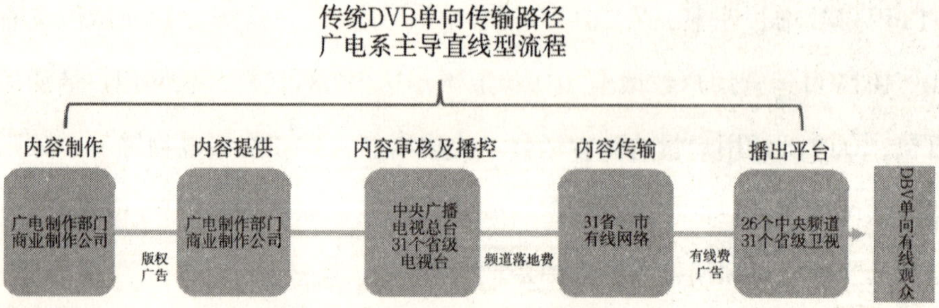

图2　传统DVB单向传输路径

二、智能大屏时代：多角色、多模式、复杂化

随着大屏产业的发展，OTT作为智能终端，IPTV作为专网接入方，DVB进行高清交互双向机顶盒升级，产业变革带来了业态的更新，更多角色加入大屏阵营，对应关系、连接方式也随之发生改变，由之前的单一模

式转变为多种模式，广电角色也由主导方变成某一个或者多个领域的参与方，OTT、IPTV、DVB呈现不同的传输模式，智能大屏关联下的传媒生态发生了明显变化。

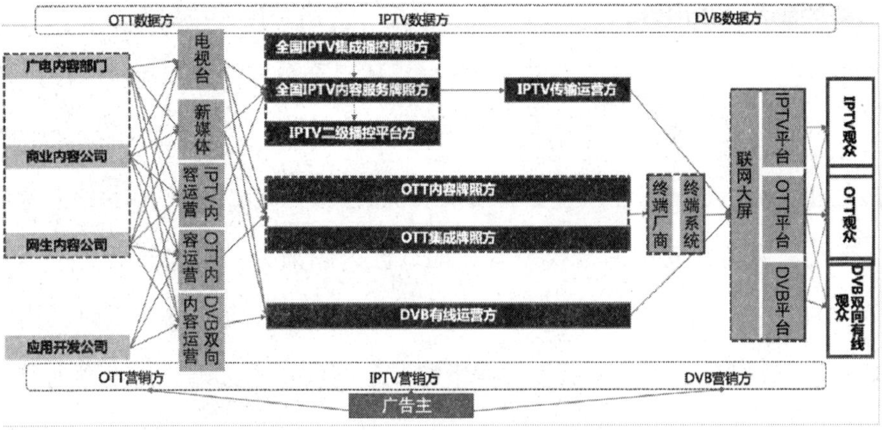

图3　智能大屏三种模式传输路径对比

智能大屏视频内容及应用服务与电视台、新媒体、IPTV内容运营、OTT内容运营、DVB内容运营方产生关联，通过IPTV牌照方、OTT牌照方与DVB有线运营方分发至不同的大屏平台，最终触达用户。

图4　智能大屏时代传媒行业生态

（一）生态革新：多方入局，角色定位复杂化

智能大屏时代，从大屏内容到大屏用户，传媒行业生态呈现出参与角色增多、路径愈发丰富的特征。在DVB双向路径中，较之DVB单向，内容提供方面增加SP内容运营角色，负责点播、应用等内容应用服务提供；在IPTV链路中，IPTV三大运营商+各省新媒体平台负责并运营地域性IPTV平台，IPTV传输及播控环节需要经过IPTV集成播控、各省二级播控和IPTV三大运营商，地域属性强且各省发展状况各异；而OTT与前两者最大差异在于终端厂商在其中话语权提升，地域性区隔消失，但终端厂商区隔明显，OTT终端厂商主导内容平台，内容传输及播控方面，需经过OTT内容牌照方、OTT集成牌照方两类牌照审核，最终同样由终端厂商主导的落地终端系统触达用户。

（二）盈利链丰富：盈利场景衍生，利益触角多元化

丰富化生态带来业务场景衍生，多重链接之间，盈利链迎来变革。传统DVB单向链条中，主要由制作、审核、传输、平台单向化的业务关联；而大屏联网时代，需DVB内容运营商、IPTV、内容服务运营商、IPTV播控方、IPTV运营商、OTT内容运营商、OTT牌照方、OTT终端厂商共同参与，作为新利益关联方参与行业的流程。

盈利链复杂化，可实现的盈利点也较以往有了非常明显的增加。在智能大屏链路中，DVB盈利链由于双向互动方式的加入，用户订阅、增值付费成为新增的重要一环；IPTV盈利链中，由于各地新媒体、IPTV三大运营商的加入，根据双方IPTV平台主导权的掌控程度不同，广告、增值、落地等收入分成比例也不同；OTT端，牌照方与终端厂商占据相对核心位置，牌照付费、预装付费、内容落地付费、内容及广告的多方分成，成为不同

于其他智能大屏盈利方式的差异点。

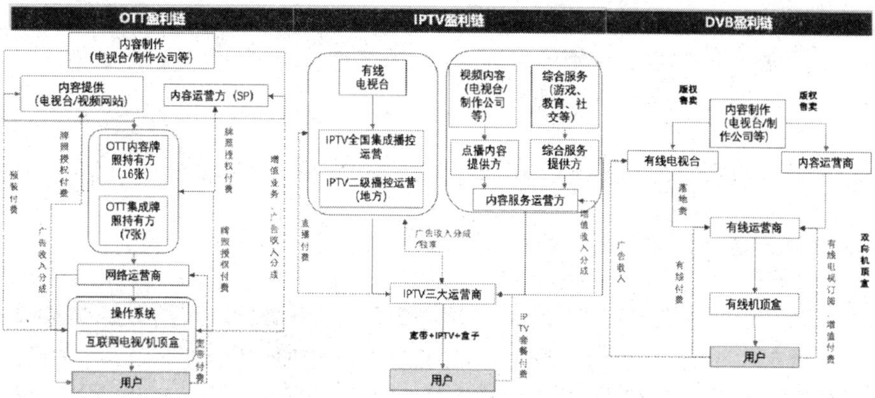

图5　智能大屏时代传媒盈利链

第二节　传媒生态裂变

一、广电系媒体先天优势，梯队式发展

广电系媒体在智能大屏生态中具有先天资源优势：内容制作出身、深厚的内容制播经验与渠道资源、头部广电系媒体大多拥有知名制作团队；渠道把控，多年广电有线行业浸润，与DVB有线渠道方关系紧密；此外，广电媒体除电视平台外，多数已形成媒体矩阵，大屏等其他领域的再次开拓，易形成矩阵效应；最重要的一点，广电媒体在大屏产业中，把控IPTV

及OTT牌照话语权，掌握核心牌照资源，这是其他商业性媒体在智能大屏发展中无法比肩的资源。

而在此类牌照资源把控中，广电媒体无疑也呈现出梯队化现状。湖南广电、上海文广等拥有IPTV、OTT全部牌照资源；CCTV央视、央广、国广则拥有OTT领域牌照资源；其他大部分广电媒体则处于梯队底层，大屏牌照资源不足，需要通过其他方式介入行业生态。

图6　七家广电方IPTV、OTT领域生态

梯队前部七家广电方在牌照资源、平台运营、内容布局方面各有差异。其中，央级媒体央视具有IPTV、OTT牌照，平台运营方面拥有自有的央视影音和今日头屏；终端合作方面，央视通过未来电视牌照与TCL、创维等多家终端厂商品牌合作；内容提供领域则是有强大的央视制作班底以及腾讯视频内容，均通过未来电视牌照在大屏落地。地方性省级媒体则具有地方DVB有线资源，上海文广DVB有线资源依赖东方有线，IPTV、OTT牌照资源则归属百视通，大屏内容渠道有自办的主打短视频的BesTV橙子视频，以及与电视猫合作的BesTV优视猫；终端渠道上，百视通渠道较为单一，主推上海文广自有的互联网电视品牌风行电视，内容运营也同样由风行完成；内容提供则背靠上海文广旗下各类内容制作相关公司。

牌照方	覆盖用户规模（截至2018年年底）
未来电视	2亿
国广东方	1.15亿
银河互联网电视	1.9亿
百视通	1亿
芒果TV	1.47亿
南方新媒体	1.9亿
华数TV	1.34亿

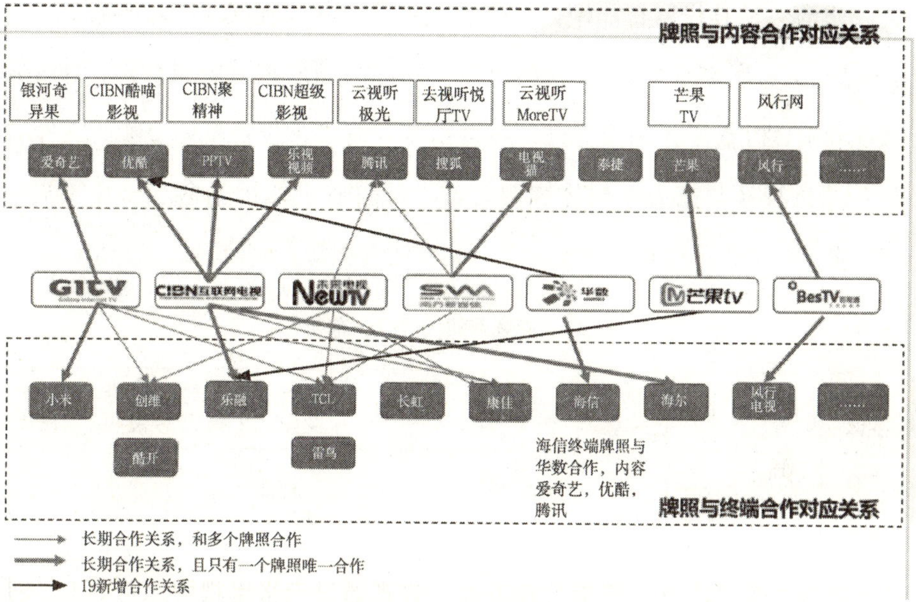

图7 七大牌照方终端、内容合作及覆盖状态

以七大牌照方视角来看，未来电视在视频内容方面与腾讯长期合作，在终端厂商领域与创维、TCL、康佳形成长期合作关系，目前以2亿覆盖用户规模位居牌照方首位；银河互联与南方新媒体用户覆盖量级相同，均为1.9亿人，银河互联在内容方合作上只有爱奇艺一家，但终端厂商方面除长期并独家合作小米外，创维、TCL、康佳三家也与银河互联形成长期合作关系，南方新媒体则在内容方合作方面多家授权，腾讯、搜狐、电视猫都使用南方新媒体牌照合作。华数、芒果TV合作方相对较少，终端及内容均只有一家合作方。

二、视频网站系媒体资本运作，BAT+芒果四家独大

与广电系媒体强资源优势不同，视频网站系媒体多背靠商业化资本，智能大屏进阶途中依靠资本力量，成为BAT系视频网站一大突出优势。百度系爱奇艺，大屏OTT平台内容渠道为银河奇异果，其合作牌照主体为央广银河，另有投屏智能硬件爱奇艺电视果，在其他OTT终端产品上投资1.5亿元，占股创维酷开5%；阿里系优酷则与国广东方牌照合作，OTT领域除自有OTT盒子天猫魔盒外，投资微鲸与海尔，投资单体金额为三家首位；腾讯视频与南方新媒体牌照合作，除自有企鹅极光盒子外还投资三家，其中以TCL雷鸟16%占股最多，此外还有微鲸、创维。

表1　视频网站大屏行业布局

投资主体	名称	类型	牌照主体	产品	公司	功能类型	布局模式	投资金额	股份占比
爱奇艺百度系	银河奇异果	OTT平台	央广	爱奇艺电视果	/	投屏智能硬件	自有	/	/
				酷开TV	酷开（创维）	OTT终端	投资	1.5亿	5%
优酷阿里系	CIBN酷喵	OTT平台	央广	天猫魔盒	/	OTT终端（盒子）	自有	/	/
				微鲸电视	微鲸	OTT终端	投资	6.3亿	31.50%
				海尔阿里电视	海尔	OTT终端	投资	6.56亿	25.25%

续表

投资主体	名称	类型	牌照主体	产品	公司	功能类型	布局模式	投资金额	股份占比
腾讯视频腾讯系	云视听极光	OTT平台	南方新媒体	微鲸电视	微鲸	OTT终端	投资	1.9亿	9.50%
				酷开TV	创维	OTT终端	投资	3亿	7.71%
				企鹅极光盒子	/	OTT终端（盒子）	自有	/	/
				雷鸟智能电视	雷鸟科技（TCL）	OTT终端	投资	4.5亿	16%

头部视频网站在IPTV、DVB专网领域多以内容运营方式介入，OTT领域分别以终端预装、系统露出方式推进布局。与BAT体系视频网站相比，芒果TV现状较为特殊，由于芒果TV本身具有IPTV、OTT牌照，芒果TV在大屏端内容运营、终端预装、系统露出多在自有体系内完成。

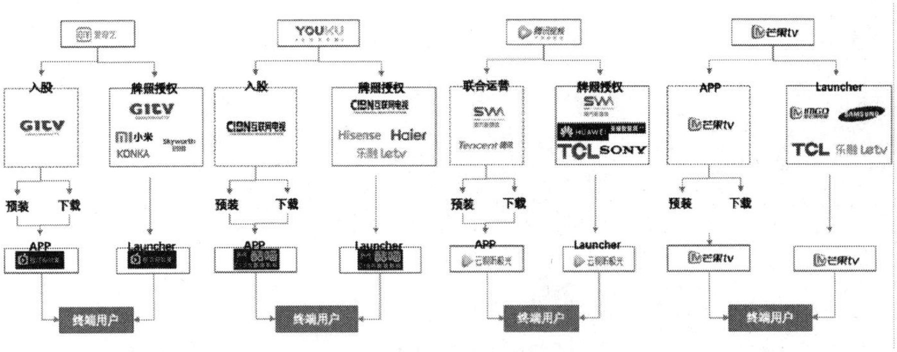

图8　四大视频网站智能大屏覆盖路径

视频网站盈利除依靠广告收益外，视频会员是目前应用最为普遍的一种，且正在形成用户付费习惯。根据目前各视频网站OTT会员收费来看，BAT系三家视频网站会费价格差异不大，四屏或多屏通用会员权益目前较为主流。从视频网站各家公布的整体会员量级及付费会员量级来看，智能大屏会员付费未来具有较大的发展前景。

表2　2019H1视频网站大屏会员与付费价格及权益

	爱奇艺 银河奇异果	优酷 CIBN酷喵	腾讯 云视听极光	芒果TV
月包	49.8	29	30	25
季包	148	139	148	85
年包	498	479	488	330
平台	OTT	四屏 （TV、电脑、手机、PAD）	四屏 （TV、电脑、手机、PAD）	四屏 （TV、盒子、电脑、手机、PAD）
整体会员量级	1.01亿	未公布	9690万	未公布
整体付费会员	9939万	未公布	未公布	1501万

三、制作公司借力平台方落地，智能大屏内容多元

内容制作方开拓智能大屏市场，多以后端支持角色呈现，通过对接电视台、视频网站、内容运营商，实现内容覆盖与传播。在市场主导、内容生存周期、观众喜好和政策影响等种种不确定因素中，内容制作公司经营表现与资本运作、公司规模的强关联性弱于其他类型经营企业，谁的内容更具热度、口碑，更受到观众认可，即可以成为行业领跑者。

表3　部分上市制作公司2019年上半年部分内容产品大屏分发情况

公司	作品	类型	直播平台	视频网站点播
完美世界	向往的生活第3季	综艺	湖南卫视	芒果TV、爱奇艺
	青春斗	电视剧	北京卫视东方卫视	芒果TV、爱奇艺、腾讯视频、优酷
	趁我们还年轻	电视剧	东方卫视	爱奇艺、腾讯视频、优酷
	小女花不弃	电视剧	——	爱奇艺、腾讯视频、优酷
	神犬小七第3季	电视剧	——	爱奇艺、腾讯视频
	影	电影		芒果TV、爱奇艺、腾讯视频、优酷
华录百纳	东宫	电视剧	——	优酷

续表

公司	作品	类型	直播平台	视频网站点播
芒果TV	大宋少年志	电视剧	湖南卫视	芒果TV
	封神演义	电视剧	湖南卫视	芒果TV、腾讯视频、优酷、搜狐视频
华策传媒	亲爱的，热爱的	电视剧	东方卫视　浙江卫视	爱奇艺、腾讯视频、优酷
北京文化	流浪地球	电影		爱奇艺、腾讯视频、优酷、芒果TV
	无名之辈	电影		爱奇艺、腾讯视频、优酷、芒果TV、1905TV

（注：电影以上线视频网站时间为时间统计界定，非院线上映时间。）

除广电自有制作部门外，2019年上半年，市场化内容制作公司已上市的企业中有8家盈利，其中完美世界、芒果超媒、华录百纳三家保持净利润同比提升。已上市内容制作企业相对投入成本体量较大，院线电影、上星电视剧、上星头部综艺为其主要内容产品，随着业务线拓展，近年来也在网络综艺、网络大电影上有所布局。以2019年上半年大屏分发表现来看，完美世界在综艺、电视剧、电影三种类型全覆盖，内容产品数量也最多，省级卫视作为主要传播平台，视频点播平台分发较为多元。

表4　部分非上市制作公司2019年上半年部分内容产品大屏分发情况

公司	项目	直播平台	视频点播平台
灿星传媒	中国好声音2019	浙江卫视	爱奇艺、腾讯视频、芒果TV、优酷
	中国达人秀第6季	东方卫视	爱奇艺、优酷、腾讯视频
	蒙面唱将猜猜猜第4季	江苏卫视	优酷
	这就是街舞第2季		优酷
	这就是原创		优酷
鱼子酱文化	青春有你		爱奇艺
	青春的花路		爱奇艺
合心传媒	向往的生活第3季	湖南卫视	芒果TV、爱奇艺
	我们是真正的朋友		爱奇艺

续表

公司	项目	直播平台	视频点播平台
能量传媒	鲁豫有约	东南卫视	
欢乐传媒	欢乐喜剧人第5季	东方卫视	
唯众传媒	心动的信号第2季		腾讯视频
视盐文化	拜托了冰箱第5季		腾讯视频
米未传媒	乐队的夏天		爱奇艺
笑果文化	脱口秀大会第2季		腾讯视频
远景影视	燃烧吧大脑第2季	江苏卫视	
哇唧唧哇	明日之子水晶时代		腾讯视频
银河酷娱	演技派		优酷
优制娱乐	这就是灌篮第2季		优酷

与之对应，非上市内容制作公司则表现出更多的内容制作灵活度。除省级卫视平台品牌季播外，大量网综以专供形式提供给视频点播平台，其中一部分是大型季播见长的制作公司，如灿星传媒，内容产品分发至直播电视台与视频点播平台；还有一部分是视频网站衍生的内容制作公司，如腾讯旗下哇唧唧哇，优酷旗下银河酷娱、优制娱乐，与视频点播平台形成垂直化供求关系，内容输出以自家点播平台为主。

四、其他角色或试水或深耕，均入局智能大屏

除广电媒体和视频网站、长视频内容制作方外，其他类型媒体均在大屏领域有所布局，形态及介入程度有所差异，渗透程度不一。如游戏直播媒体斗鱼、虎牙、YY均在大屏有电视版本，电商媒体淘宝、苏宁、京东等也推出了电视版本，而电视购物则出现购物家、东方购物等智能大屏落地形态，此外还有游戏、音乐、教育、健身等多个领域媒体，智能大屏延续并改变着传媒行业各个领域。

第三节　从覆盖到触达

媒体布局策略最直接的反应在于内容产品的智能大屏覆盖，以及覆盖之后所最终达成的用户触达。业务链成功与否，基础就在于是否具有一定量级的用户触达，这是决定能否顺利产业化、商业化的先决条件。

从大屏终端与信源交互关系角度出发，智能大屏用户覆盖是IPTV、OTT、DVB三者覆盖的去重，其中DVB有线覆盖包含DVB单向、DVB双向（即直播与交互），OTT覆盖包含APK覆盖及预装覆盖，IPTV覆盖包含IPTV直播覆盖、IPTV点播覆盖。

（注：OTT 终端、IPTV 信源、DVB 信源三者重合用户为 0.1 亿；OTT 终端、IPTV 重叠用户为 0.96 亿；OTT 终端、DVB 信源两者重合用户为 0.24 亿；IPTV 信源、DVB 信源两者重合用户为 0.31 亿。）

图9　智能大屏用户覆盖

一、央卫视头部效应延续

勾正数据显示，2019年上半年智能大屏收看直播频道方面，央卫视累计受众家庭达1.2604亿，地方频道0.8152亿，其他频道0.5156亿。央卫视每到达终端累计观看508次，累计观看时长11778分钟；地方频道每到达终端累计观看95次，累计观看时长1849分钟；其他频道每到达终端累计观看39次，累计观看时长797分钟。央卫视大屏用户到达遥遥领先，在电视媒体中仍为最主流的直播媒体。

以四个内容产品为例，湖南卫视《快乐大本营》通过DVB有线覆盖湖南本省及全国其他省市有线；OTT领域，覆盖芒果TV App终端、芒果TV自有互联网终端爱芒果TV、搭载芒果TV牌照的部分TCL电视；IPTV领域，芒果TV落地或分发省份也实现了《快乐大本营》覆盖。同属湖南卫视的《向往的生活》由于分发不同，在渠道覆盖上较《快乐大本营》增加了银河奇异果App覆盖、搭载爱奇艺·银河牌照的终端品牌。同为电视综艺，《奔跑吧》采用BAT系全线分发方式，CINB酷喵、云视听极光APK以及腾讯·未来电视、腾讯·南方牌照、优酷·华数牌照终端均为《奔跑吧》可以覆盖的用户领域。另一部《亲爱的，热爱的》以剧方身份分发，DVB有线方面以浙江卫视和东方卫视覆盖全国；OTT覆盖分发腾讯、爱奇艺，覆盖腾讯、爱奇艺APK与牌照合作终端；IPTV通过牌照方或版权合作分发全国。

不同渠道分发导致用户覆盖差异巨大。虽然四个内容产品在智能大屏用户直播覆盖方面差异不大，均在6000万~7000万，但点播差异性显著，其中《快乐大本营》与同属湖南卫视的《向往的生活》点播覆盖差异近1倍，《亲爱的，热爱的》点播覆盖差异近2倍，与《奔跑吧》点播覆盖差异近3倍。

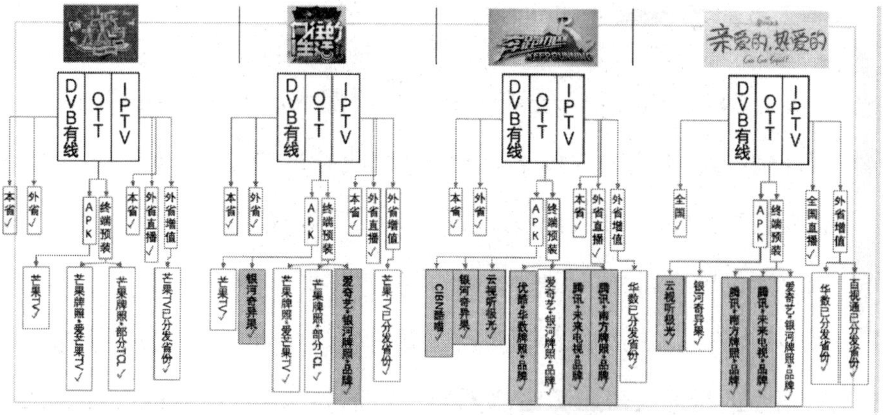

图10　内容产品大屏端用户覆盖

表5　内容产品智能大屏可覆盖用户规模

<table>
<tr><th>类型</th><th>快乐大本营</th><th>向往的生活</th><th>奔跑吧兄弟</th><th>亲爱的，热爱的</th></tr>
<tr><td>直播总覆盖DVB+IPTV覆盖（万）</td><td>6388</td><td>6388</td><td>6082</td><td>7135</td></tr>
<tr><td rowspan="9">点播总覆盖（万）</td><td>芒果TVAPK覆盖</td><td>芒果TVAPK覆盖</td><td></td><td></td></tr>
<tr><td>芒果TV预装覆盖</td><td>芒果TV预装覆盖</td><td></td><td></td></tr>
<tr><td></td><td>银河奇异果APK覆盖</td><td>银河奇异果APK覆盖</td><td>银河奇异果APK覆盖</td></tr>
<tr><td></td><td>银河奇异果预装覆盖</td><td>银河奇异果预装覆盖</td><td>银河奇异果预装覆盖</td></tr>
<tr><td></td><td></td><td>云视听极光APK覆盖</td><td>云视听极光APK覆盖</td></tr>
<tr><td></td><td></td><td>腾讯视频预装覆盖</td><td>腾讯视频预装覆盖</td></tr>
<tr><td></td><td></td><td>CIBN酷喵APK覆盖</td><td>CIBN酷喵APK覆盖</td></tr>
<tr><td></td><td></td><td>优酷视频预装覆盖</td><td>优酷视频预装覆盖</td></tr>
<tr><td>5374</td><td>10686</td><td>19703</td><td>15229</td></tr>
</table>

（注：勾正 ORS OTT 收视系统，监测时间为 2019.1~ 2019.6，为该时间段内有使用过至少一次的有效覆盖用户数据均值，推及 2.03 亿智能大屏终端整体。）

二、BAT+芒果各有所长

目前，腾讯以1.1464亿智能大屏总覆盖领先其他视频网站，其中Lancher覆盖7954万台，占腾讯视频有效装机总量69%，App下载占31%；爱奇艺有效覆盖1.1164亿台，Lancher与App覆盖六四比；优酷与芒果总覆盖量级分别位居三四位，与前两位较大差异在于App覆盖占比大于Lancher覆盖，芒果TV Lancher与App覆盖占比分别为15%与85%，这充分体现出四家视频网站的智能大屏覆盖策略差异，腾讯、爱奇艺依靠Lancher预装覆盖，体量优势明显，芒果TV、优酷则依靠内容优势拓展覆盖。

表6　2019H1有效覆盖装机量

	爱奇艺		腾讯		优酷		芒果TV	
总覆盖量（万台）	11164	100%	11464	100%	9856	100%	6581	100%
Lancher覆盖量（万台）	6704	60%	7954	69%	3116	32%	984	15%
App下载量（万台）	4461	40%	3510	31%	6740	68%	5597	85%

（注：有效覆盖规模：近半年有过至少一次启动的终端数，launcher和App去重。数据来源：勾正数据，时间周期2019年1月1日～2019年6月30日。）

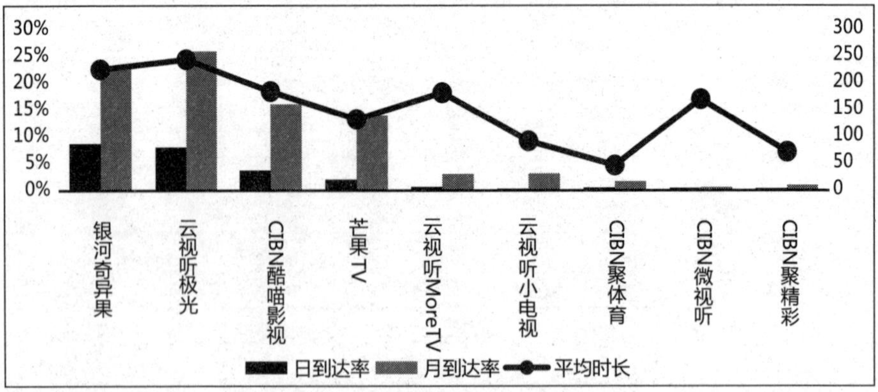

图11　TOP视频媒体表现

数据来源：勾正数据，时间周期2019年1月1日～2019年6月30日视频网站媒体智能大屏的用户表现与覆盖呈现相似趋向，银河奇异果、腾讯视频分别在日到达率、月到达率上排名首位，二者用户活跃程度相当，CIBN酷喵、芒果TV处于视频媒体第二梯队，用户到达率接近。

三、智能大屏收视表现体现用户覆盖最终效果

智能大屏布局、覆盖及触达，最终都将体现在媒体平台或内容的收视表现上，不同布局呈现出的收视表现差异显著。

（一）媒体平台传播竞争力

直播媒体中，央视占据TOP10中的7席，省级卫视占据3席，CCTV-1收视率表现大幅领先其他频道，湖南、浙江、江苏位列卫视三甲。TOP10全天市场总份额达47.83%，黄金时段占据总市场份额56.82%，头部媒体效应集中。

表7　直播媒体2019年1~10月排行TOP10（到户）

排行	排行频道	全天收视率	全天市场份额	黄金时段	黄金时段市场份额
1	CCTV-1综合	0.40%	8.42%	0.83%	12.60%
2	湖南卫视	0.27%	5.67%	0.42%	6.34%
3	CCTV-4中文国际（亚）	0.24%	5.12%	0.38%	5.74%
4	CCTV-6电影	0.23%	4.89%	0.41%	6.27%
5	CCTV-8电视剧	0.22%	4.60%	0.33%	5.07%
6	浙江卫视	0.20%	4.31%	0.34%	5.16%
7	CCTV-13新闻	0.20%	4.23%	0.28%	4.34%
8	CCTV-3综艺	0.18%	3.79%	0.30%	4.51%
9	CCTV-5体育	0.17%	3.54%	0.25%	3.80%
10	江苏卫视	0.15%	3.25%	0.20%	2.99%

表8　直播媒体2019年1~10月排行TOP10（到人）

排行	排行频道	全天收视率	全天市场份额	黄金时段	黄金时段市场份额
1	CCTV-1综合	0.29%	7.71%	0.52%	7.21%
2	湖南卫视	0.23%	6.02%	0.41%	5.70%
3	CCTV-6电影	0.19%	5.10%	0.35%	4.84%
4	CCTV-4中文国际（亚）	0.19%	5.04%	0.32%	4.42%
5	CCTV-8电视剧	0.17%	4.55%	0.31%	4.30%
6	CCTV-3综艺	0.16%	4.31%	0.28%	3.92%
7	浙江卫视	0.16%	4.30%	0.30%	4.10%
8	CCTV-13新闻	0.15%	3.99%	0.24%	3.38%
9	CCTV-5体育	0.14%	3.73%	0.26%	3.53%
10	江苏卫视	0.12%	3.33%	0.23%	3.14%

视频网站点播媒体中，云视听极光、银河奇异果领先优势显著，第二梯队CIBN酷喵、芒果TV提升空间明显，头部四家占据点播时长的绝对主流流量。

表9　点播媒体2019年1~10月排行TOP10（到户）

排行	排行频道	全天收视率	全天市场份额	黄金时段	黄金时段市场份额
1	云视听极光	4.84%	30.56%	8.52%	31.98%
2	银河奇异果	4.52%	28.55%	7.48%	28.05%
3	CIBN酷喵影视	2.79%	17.65%	4.82%	18.10%
4	芒果TV	1.14%	7.22%	1.83%	6.87%
5	云视听MoreTV	0.40%	2.52%	0.68%	2.54%
6	CIBN悦厅TV	0.31%	1.98%	0.59%	2.20%
7	云视听小电视	0.26%	1.64%	0.48%	1.79%
8	CIBN聚体育	0.25%	1.57%	0.51%	1.90%
9	CIBN聚精彩	0.15%	0.92%	0.28%	1.05%
10	CIBN微视听	0.15%	0.92%	0.27%	1.02%

表10　点播媒体2019年1~10月排行TOP10（到人）

排行	排行频道	全天收视率	全天市场份额	黄金时段	黄金时段市场份额
1	云视听极光	2.90%	27.37%	5.17%	27.64%
2	银河奇异果	2.83%	26.72%	4.80%	25.68%
3	CIBN酷喵影视	2.11%	19.92%	3.69%	19.74%
4	芒果TV	1.05%	9.92%	1.83%	9.76%
5	云视听MoreTV	0.36%	3.39%	0.66%	3.54%
6	CIBN悦厅TV	0.33%	3.09%	0.64%	3.42%
7	云视听小电视	0.22%	2.07%	0.46%	2.45%
8	CIBN聚体育	0.22%	2.05%	0.42%	2.27%
9	CIBN聚精彩	0.12%	1.10%	0.24%	1.28%
10	CIBN微视听	0.12%	1.10%	0.22%	1.20%

点播媒体头部内容分布中，“爱、优、腾”三家头部剧集集数大致相当；芒果TV稍显弱势，头部综艺中，芒果TV发力明显，与优酷相近。媒体覆盖与用户头部内容选择存在一定关联性。

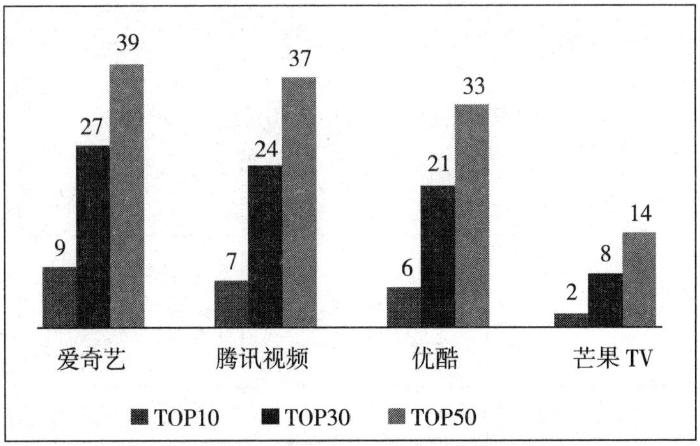

图12　2019H1头部剧集部数

数据来源：云合数据，各平台播放内容不去重

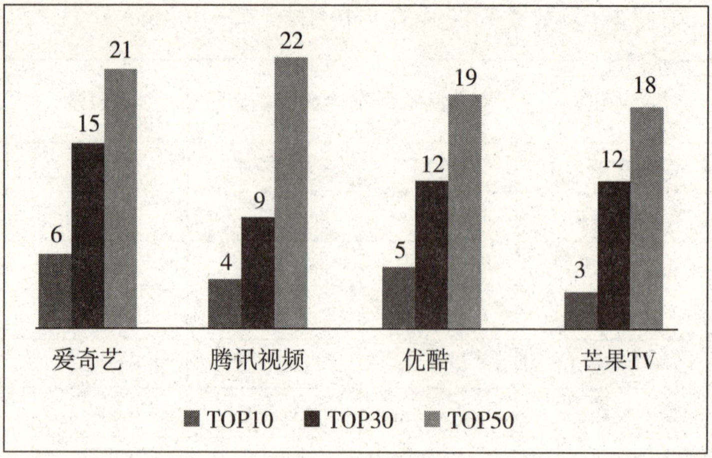

图13 2019H1头部综艺部数

数据来源：云合数据，各平台播放内容不去重

（二）媒体内容传播竞争力

电视剧方面，《知否》台网同播多平台触达优势显著，直播排行、点播排行均位列2019年1~10月排行首位，日均UA量级相当。除央视外，湖南卫视剧集占据TOP10剧集2席。电视剧点播排行中，网播剧与台网同播剧分别占据二八席。多渠道分发帮助内容覆盖更多用户，完成更多用户触达，实现更优的传播表现。

表11 直播电视剧2019年1~10月排行TOP10

节目名称	频道名称	日均UA（万台）	户均时长（分钟）	出品公司
知否知否应是绿肥红瘦	湖南卫视	840	42	东阳正午阳光影视有限公司
老虎队	CCTV-8电视剧	814	58	伊犁长江荣艺和生影视传媒有限公司、浙江力天影视有限公司
麦香	CCTV-1综合	810	44	浙江睿宸影视制作有限公司
老中医	CCTV-1综合	700	46	上海儒意影视制作有限公司、上海尚世影业有限公司等
破冰行动	CCTV-8电视剧	630	50	北京爱奇艺科技有限公司

续表

节目名称	频道名称	日均UA（万台）	户均时长（分钟）	出品公司
刘家媳妇	CCTV-8电视剧	561	57	沈阳黛朦影视传播有限公司
激情的岁月	CCTV-1综合	548	24	中央广播电视总台
伟大的转折	CCTV-1综合	528	29	苏联列宁格勒制片厂出品
逆流而上的你	湖南卫视	510	37	左城右隅、东方前海、猫眼影业、五光十色影业
都挺好	浙江卫视	482	47	东阳正午阳光影视有限公司

（注：排名数据受数据产品监测范围影响，不代表智能大屏行业整体。为与点播端保持同一纬度，不区分首重播。数据来源：勾正 ORS OTT 收视系统，时间周期 2019 年 1 月 1 日 ~10 月 30 日。）

表12　点播电视剧2019年1~10月排行TOP10

节目名称	点播平台	日均UA（万台）	户均时长（分钟）	分类	出品公司
亲爱的，热爱的	银河奇异果 云视听极光	309	59	台播剧	上海剧酷文化传播有限公司
烈火军校	银河奇异果	291	51	网剧	欢娱影视、爱奇艺、腾讯影业
小欢喜	银河奇异果 云视听极光	274	94	台播剧	柠萌影业、伊犁长江
谍战深海之惊蛰	银河奇异果 云视听极光	274	90	台播剧	千乘影视股份有限公司、 新丽电视文化投资有限公司
光荣时代 破冰行动	银河奇异果 云视听极光	237	111	台播剧	天津天马映像影业有限公司、 无锡慈文传媒有限公司、 九州梦工厂等
破冰行动	银河奇异果	235	63	台播剧	北京爱奇艺科技有限公司
都挺好	银河奇异果 云视听极光	221	136	台播剧	东阳正午阳光影视有限公司
在远方	银河奇异果 云视听极光	211	126	台播剧	杭州佳平影业有限公司

续表

节目名称	点播平台	日均UA（万台）	户均时长（分钟）	分类	出品公司
封神演义	银河奇异果 云视听极光	206	75	台播剧	芒果影视、华夏视听、央视创造、三尚传媒、中国电视剧制作中心
少年派	银河奇异果 云视听极光	194	80	台播剧	贰零壹陆影视、蓝恐龙影视

（注：排名数据受数据产品监测范围影响，不代表智能大屏行业整体。数据来源：勾正ORS OTT收视系统，时间周期2019年1月1日～10月30日，点播内容监测范围为银河奇异果、云视听极光。）

综艺方面，直点播表现差异较大，直播端央视一套占据头位，湖南、江苏、浙江、东方包揽其余9席，《经典永流传第2季》日均UA最高，《奔跑吧第3季》户均观看时长最高。点播端综艺收看日均UA明显小于直播，用户行为更为分散，但用户时长高于直播端，头部领先优势更为明显。《奔跑吧第3季》日均UA明显高于其他综艺，不同排行点播综艺日均时长差异不大。

表13 直播综艺2019年1~10月排行TOP10

节目名称	频道名称	日均UA（万台）	户均时长（分钟）	出品公司
经典咏流传第2季	CCTV–1综合	447	25	央视创造传媒有限公司
中国好声音2019	浙江卫视	396	66	浙江卫视、灿星制作
声临其境第2季	湖南卫视	379	29	湖南卫视节目中心
奔跑吧第3季	浙江卫视	318	71	浙江卫视节目中心
我家小两口	湖南卫视	317	31	湖南卫视陈歆宇工作室
青春环游记	浙江卫视	313	26	浙江卫视节目中心
非诚勿扰	江苏卫视	313	46	江苏卫视

续表

节目名称	频道名称	日均UA（万台）	户均时长（分钟）	出品公司
王牌对王牌第4季	浙江卫视	307	31	浙江卫视节目中心
嗨唱转起来	湖南卫视	289	23	湖南卫视安德胜工作室、刘伟工作室
向往的生活第3季	湖南卫视	286	29	湖南卫视、浙江合心传媒

（注：排名数据受数据产品监测范围影响，不代表智能大屏行业整体。为与点播端保持同一纬度，不区分首重播。数据来源：勾正 ORS OTT 收视系统，时间周期 2019 年 1 月 1 日 ~10 月 30 日。）

表14　点播综艺2019H1排行TOP10

节目名称	点播平台	日均UA（万台）	户均时长（分钟）	出品公司	分类
奔跑吧第3季	银河奇异果 云视听极光	89	52	浙江卫视	电视综艺
中国好声音2019	银河奇异果 云视听极光	42	65	浙江卫视、灿星	电视综艺
妻子的浪漫旅行第2季	银河奇异果	35	49	芒果TV	网综
向往的生活第3季	银河奇异果	32	44	湖南卫视、合心传媒	电视综艺
王牌对王牌第4季	银河奇异果 云视听极光	28	56	浙江卫视	电视综艺
中国达人秀第6季	银河奇异果 云视听极光	27	74	东方卫视、灿星	电视综艺
中餐厅第3季	云视听极光	27	60	湖南卫视	电视综艺
极限挑战第5季	银河奇异果 云视听极光	26	49	东方卫视	电视综艺
中国梦之声·我们的歌	银河奇异果 云视听极光	23	23	东方卫视	电视综艺
声临其境第2季	银河奇异果	14	69	湖南卫视	电视综艺

数据来源：勾正 ORS OTT 收视系统，时间周期 2019 年 1 月 1 日 ~10 月 30 日，点播内容监测范围为银河奇异果、云视听极光

第四节　洞见未来

进入大屏时代以来，智能大屏产业逐步向各个业务场景渗透，从策略布局、终端覆盖、用户触达、商业变现，再到近年来兴起的粉丝运营、用户导流等多种新形态的大屏用户运营，逐步摸索并开启属于自己的发展之路。

一、用户回归，倒逼智能大屏成长加速

网络技术促成大屏用户回归，智能大屏整合了传统电视、网络视频、应用等多个终端，其内容体量、类型远远超过传统电视，既可以让用户观看传统电视的线性直播内容，也可以收看更多海量的个性化的非线性的点播内容，还可以同屏幕进行交互。

4G技术的到来曾推动了用户行为向小屏的转移，那么随着互联网下半场的到来，线上红利消失殆尽，智能大屏凭借更具冲击性的屏幕，将重新成为用户注意力的中心。中国OTT激活终端数量已经突破2亿台，每年以4000万台的数量在更新，且日均使用时长5小时左右；IPTV用户规模及活跃度相当可观；DVB双向互动用户在家庭场景已经形成了回归看大屏的习惯。5G时代来临，必将倒逼智能大屏各个角色、各个环节加速成长，提升效能，满足不断增长且变化的市场需求。

二、流量即价值，用户运营亟须智能大屏模式

站在更为开阔的视野，智能大屏是兼具流量价值、时间价值和营销价值的行业蓝海，规模、日活、时长、入口均具有可观的价值开发空间。但在当下，智能大屏大量使用的运营模式，仍是沿用传统电视手段，这显然无法完全符合智能大屏的传播规律和业务生态。精细化用户深耕目标，需要结合智能大屏实际，在洞察用户价值、挖掘流量价值、评估市场价值的基础上，开拓出真正属于智能大屏自身的运营模式，再匹配相对应的市场策略，找到真正属于智能大屏的精耕细作。

一些媒体和公司已经展开探索。2019年7月~10月，东方卫视联合欢网科技推出大屏东方卫视番茄酱专区，定制化大屏客户端。作为电视台直播内容的延伸，打破电视台线性播出限制，让东方卫视在智能大屏有了用户运营自留地，无限触达大屏用户，该专区支持关注预约等功能，可实现大屏推广、用户导流、用户互动、用户覆盖及用户洞察等功能。每天专区内容持续更新，累计推广《极限挑战》《笑傲江湖》《带着爸爸去留学》《亲爱的，热爱的》《小欢喜》《陆战之王》《在远方》7个电视剧和综艺节目。东方卫视在大屏上开辟专区这一行为，为电视台本身的收视率提供了较为有利的辅助性作用，并且可以更为精准地了解重度用户的基本属性、用户行为等信息，为后续进行用户运营提供了更为精确的数据支持。在大屏回归的趋势下，谁能采用创新的角度去运营用户，谁就能够提前抢占流量的入口，抓住大屏用户。

三、玩家已就位，角色定位仍需新生态适配

目前，传媒行业不同角色均在智能大屏有所布局，行业头部、腰部中坚以及新兴玩家与投资者，都尝试在智能大屏中找到合适的契机与位置。

行业头部广电媒体，需要实现从资源优势到实际覆盖、用户触达的落地，而具有用户流量优势的视频网站媒体，则需要加速从用户流量到价值变现的转化步伐；IPTV方参与者具有绝对用户基数优势，在垂直下沉领域占到先机；大屏购物、游戏、AIoT、智能家居等相对新兴的大屏业务方，也具有新的机遇。

兼具牌照方及长视频领域第二梯队角色的芒果TV，虽然日均活跃用户和视频会员用户与“爱、优、腾”三大巨头存在差距，但其盈利总额度不断增长，成为BAT+芒果TV四家中唯一实现净利润盈利的视频网站。这样的情形与它自身新颖的内容、领先于潮流的推广运营、精准地抓住用户喜好是分不开的。面对如今智能大屏回归的趋势，芒果TV在2019年提出了“芒果TV大屏业务坐标系”的概念，完成了IPTV业务与互联网电视业务的整合，成立了智能大屏业务中心。对于芒果TV而言，在拥有OTT和IPTV双重牌照的情况下，两个业务的重叠性越来越高，其中包括合作对象的一致性、服务对象的一致性、业务拐点的一致性以及业务之间的协同性等，因此业务的整合是必然选择。大屏业务生态方面，在湖南广电、芒果超媒的融合背景下，芒果TV全面打造多元业务生态圈，并针对大屏用户进行了差异化的线上线下融合探索，并以不限于大屏、不止于视频的发展策略在大屏业务的形式和内容上不断延伸。

四、AIoT 来临，智能屏抢占中心枢纽

当下，电视已经不是完全意义上的传统媒体，围绕着客厅中的电视终端已经形成了全新的大屏产业链和生态圈。随着5G时代的来临，AI、超高清、IoT等都成为行业高度关注的关键词。超高清代表着极致视听体验，AI与IoT的结合则成为万物智联时代必然的发展趋势。回归家庭场景，智能大

屏成了最契合AIoT的切入点。作为家庭中枢，智能大屏联动其他的智能家居设备，将分散在家居生活中的智能单品连接起来，实现整个家居场景化的联动服务，实现智能大屏从互联网形态到智能化形态的转变。在这个过程中，各种智能家居产品间的连接标准壁垒等现实交互障碍，需要通过技术手段或商业策略方式寻找到突破点，才能使得智能大屏延伸至家庭全部场景。

科大讯飞作为国内人工智能代表性企业，正在探索智能大屏新营销模式。科大讯飞首创智能大屏直播节目中语音关键字定向，运用实时AI语音识别技术、关键词及语义理解技术，结合节目中的对白等语音信息精准匹配合适的品牌广告内容；基于讯飞领先的人脸、图像识别等AI技术，精准识别品牌代言人出没的电视场景，抓住该场景时机，迅速把其所代言品牌的产品信息推送到用户面前。

在蓝海与契机面前，需要智能大屏生态各方精准定位大屏蓝海价值，孵化、衍生、裂变大屏新物种，以新生态形态、新营销模式共同洞见并迎接智能大屏新时代的到来。

PART
TWO

第二章

内容竞争篇

第一节　内容战场，硝烟四起

近年来，“大IP+大流量=高关注”这个曾百战不殆的粗暴流量等式日渐式微，而内容质量愈发成为观众决策过程中的考虑重点。《心动的信号》《延禧攻略》《陈情令》《镇魂》等内容的火爆，都在一定程度上说明，没有高流量演员或强IP的支持，媒体产品凭借优质内容也可以突破圈层，成为爆款。在此背景下，高内容价值成为抢夺用户的关键因素，内容研究的重要性也尤为凸显。

一、渠道泛化内容易达，受众挑剔质量攸关

渠道的泛化降低了内容的获取难度。过去渠道为王，内容从电视台等有限渠道触达观众；随后，视频网站加入渠道战场，为保证收视率和点击率，电视台和成长初期的视频网站会优先选择大IP与流量，对内容的关注程度相对降低。近年来，渠道泛化，无IP、无流量的优质内容，与大IP、强流量的制作占领了同一高地。媒体内容的极大丰富，给受众带来更多的选择余地，受众从被动接受向主动决策者转变，对内容质量的要求也快速提高，优质内容愈发成为受众内容消费决策的重要因素。

二、内容市场供给冗余，受众时间存量残杀

优质内容高潮迭起，内容之间竞争激烈。2019年暑期，电视剧《陈情令》《长安十二时辰》《全职高手》等优质内容加入抢夺用户注意力的大潮。从热度上看，三大“神剧”不相上下、交替争夺热度前三，竞争一度白热化。而这样质量相近的内容产品集中出现、激烈厮杀的现象在内容战场中将是大势所趋。更严重的是，今天的用户在电视、视频网站等内容平台的习惯已基本养成并趋于定式，目标受众用于消费各类内容产品的时间已鲜有增长趋势。内容生产者若意图在激烈的竞争中抢夺目标受众有限的时间和精力，需要尽可能地提高内容与受众需求的匹配程度，提高内容价值。

三、受众圈层分化复杂，目标错位事倍功半

目前，用户身上的标签已经越来越多地脱离性别、年龄和地域的限制，开始向个人偏好方向转变，用户圈层分化现象愈加严重。反映在媒体层面的具体表现是观众的收视偏好更加明显和固化。例如，从收视和口碑数据看，在豆瓣等年轻人聚集的口碑平台上，综艺《极限挑战》的评分远高于《奔跑吧》，网络热度也是不断增长。但从收视情况来看，《极限挑战》的收视远低于《奔跑吧》，并不如其网络热度所显现的那般。其原因不难推测到，参与评分的受众群体更偏好《极限挑战》，然而《奔跑吧》在其他受众中却有着更强的群众基础。

各圈层内观众审美的日臻趋同，圈层之间审美分化日益显著，还有圈层特定偏好特点的优质内容的不断涌现，内容生产者需要对目标圈层观众的需求精准把握、恰当满足，才能提高内容的竞争力。因此，对竞争圈层的精确锚定、对目标受众兴趣点的精准把握是使内容产品获得高竞争力的前提。在入局竞争战场之前，内容生产者需要明确内容产品的经验认知和

实际情形之间的差异。

四、内容产业环环相扣，触达效果多方影响

媒体内容由制作、分发到触达受众经历一系列的环节，形成了完整的内容产业链。就电视节目而言，节目主要经过内容制作方、播出平台两大环节触达观众。各个环节与内容共同作用，影响内容触达观众的实际效果。在硝烟弥漫的内容战场，内容产业链中的每个环节都事关成败，需要严格把关、环环相扣，使媒体内容真正触达并影响受众。

因此，已有多方参与者采取“内容+平台”的发展模式进行产业链打造，从而做到对全流程的把控。各大互联网视频平台纷纷开始自制节目。自制内容一方面可以增加平台会员，另一方面有助于打造平台的独特性，从而树立在受众心中无可取代的地位。通过自制节目的爆发可以看出，优质内容显现了比平台渠道更为强劲的竞争力。然而，内容爆炸式增长，优质内容却供不应求。内容市场中充斥着跟风与粗制滥造所产生的低劣内容。从穿越热到仙侠热，再到无数的撞款综艺，优质的头部内容火爆，跟风模仿的大多数节目却石沉大海。对于从业者而言，须透过重重迷雾看清内容竞争的关键。

五、海量数据智能技术，竞争分析万事俱备

这是最坏的时代，竞争日渐白热化；这也是最好的时代，竞争虽然激烈，但并非无应对之策，大数据、人工智能等新技术已经为我们分析内容竞争、深入了解内容市场准备了有力的工具。随着信息技术的发展，用户在内容消费方面的数据记录更为精细和全面，WiFi数据探针、机顶盒数据、移动手机数据等都为全方面、细粒度地刻画用户的内容消费情况提供了可能，这也为我们提供了一个比以往任何时候都更加方便、可行的视

角，从而用海量数据回答内容竞争的问题。同时，在Alpha Go之后，以深度学习为突破技术的人工智能成为科学、智能分析的内容助力，对于内容之间的竞争，可以以一种更为有力的方法进行有效的探索和回答。

六、内容之战一触即发，全新视角揭秘竞争

大数据是拨开迷雾的法宝，为我们提供了比主观判断更加真实可靠的数据画像。内容竞争，受众“用脚投票”，掌握着最终的裁判权。因此，大数据时代下的媒体消费数据洞察显得尤为重要。从观众视角出发，以数据分析结果反推智能大屏产业链的各个环节，深刻剖析竞争本质，渗透竞争的核心要素，也是可行且合理的方法。既能够站在产业链的各个视角对内容竞争进行理解，又能够为产业链的各方利益者在内容竞争面前提供指导。

从内容上看，现有研究多从收视视角出发，重在用户画像和偏好研究，鲜有内容产品竞争的刻画。从分析方法上看，现有研究大多采用统计视角对显式行为进行分析，少有利用更为高效精准、更加个性化的智能分析方法分析深层次的衍生数据。为此，我们基于数据，立足于需求方视角，强调研究整合内容产品间竞争。本书采取智能数据分析方法，深度挖掘数据背后的隐含价值，通过收视数据描述竞争态势，明确内容间的竞争关系，验证并修正经验判断，帮助竞争参与者精准定位战场，获取竞争优势。

本书第一次从竞争的角度分析内容，探讨内容之间的竞争关系，迎合市场的迫切需求；第一次采用网络分析、数据挖掘、机器学习等智能分析方法，对真实的海量用户行为进行分析，吸收时代前沿方法；进一步形成针对性的结论，并给出相应的对策建议，对指导实践具有重要的参考价值。在本书的结论之外，第一次探索和推出一整套内容间竞争度、内容排行榜的智能分析方法，也可供相关实践人员借鉴和使用。

第二节　内容竞争，新标准、新方法

一、失信、失真、失灵，内容评价需另辟蹊径

（一）收视造假榜单失效，传统权威跌下神坛

收视率指某一时段内收看某电视频道（或某电视节目）的人数（或家户数）占电视观众总人数（或家户数）的百分比。传统的收视统计方法容易存在多种样本污染的隐患，收视造假现象也屡有曝光，逐渐失去其原本的公信力。内容热度是另一类衡量指标。对于热度而言，主流热度榜单有微博热搜榜、百度热搜榜等榜单，由于这些榜单终端类型广，操作机器进行刷榜也十分容易。微博热搜屡次被曝光刷热度、买热搜等事件。因此，内容热度也仅能作为一类参考指标。

无论收视数据好坏、热度数值高低，观众的根本诉求始终是优质的内容。然而，样本干扰、收视造假、热度刷榜等事件的曝光使得内容的排名与其优质程度的联系不再是绝对的正相关，观众也对所谓的"榜上有名"越来越不敏感、不信任。虚假榜单不能代表内容的真实质量，排名也从绝对权威跌下神坛，屡遭质疑。

（二）收视低迷，单一指标难为金科玉律

目前，互联网人口红利的时代已然过去，越来越多的视频平台瓜分着收视群体，这导致各平台的视频播放量均难以再创新高。爱奇艺、优酷等一些视频平台纷纷关闭前台播放量，以热度值来显示视频内容的受欢迎程度。一方面是想要摒弃流量造假的恶习，宣布告别唯流量时代；另一方面也可以看出，视频网站的播放量可能确实受到渠道泛化的影响。观众获取内容的渠道越来越多样，收视行为被逐渐分散，单渠道的收视量再难实现大幅增长。

由此种种可以看出，以绝对收视率作为内容竞争的评判不再是金科玉律。而在观众分化现象明显的当下，抓准自己的受众人群，拥有足够的观众忠诚度和黏性，也可以在内容的竞争中取胜。

（三）口碑评分因人而异，叫好未必卖座

目前，口碑评分的渠道多样，各大视频网站都会公布节目在自己平台的口碑评分，同时，市场上还存在着大量的专营口碑评分的平台。各平台的评分往往会因为平台用户的不同而产生差异。评分本身也带着很强的个人意识。因此，评分虽然能在一定程度上体现内容的优劣程度，但过于局限，也并不能代表内容竞争的强度。

此外，口碑评分通常只会在同类型节目之间进行比较，聚类方式只有单一的类型聚类。然而节目的竞争对手并非只有同类型节目。按照综艺、电视剧等大类对节目进行划分也太过粗糙，同类节目若在题材或形式等方面存在巨大差异，双方之间反而未必是竞争关系。口碑评分很容易使从业者在庞大的节目库中错认竞争对手，从而错过竞争机会。

在大数据时代下，随着互联网的发展，越来越多的数据自动产生，关

于数据的讨论也层出不穷。数据的可行性和公允性在越来越多的应用层面被证实，数据分析方法的应用也越来越广泛，如媒体行业的社交媒体动态分析、数据新闻产品的制作等。利用数据有两个基本的原则，一是数据的准确性，二是数据处理方法的合理性。基于对以往方法的优势进行借鉴，我们根据勾正数据在智能大屏OTT端检测的家庭收视数据，运用科学的数据分析方法对节目竞争度的各方面进行分析。

二、大样本、细粒度，智能分析助力破局

（一）大样本：十万智能大屏OTT家庭

在勾正数据所监测到的OTT终端中，我们随机抽取了十万个匿名收视终端（家庭）作为样本数据，数据真实地记录了每个匿名家庭在2018年7月1日~2019年6月30日在直播端和点播端的所有收视行为。数据使用计算机按照随机原则进行抽样，每一个对象都有已知的、非零的概率被选入作为研究的对象，减少了人为的干扰，保证了样本的代表性。对比传统的日记卡法、测量仪法等数据采集方法，使用OTT终端采集的数据不易被污染，更加真实可信，而且理论上可以做到全量采集，进行总体分析。以此数据为基础，我们分析了以下内容：

终端分布与收视情况按地区统计看，广东、山东、江苏三个省份样本数量最多，东部地区分布密集。

受众人群可以按特征划分。在性别占比方面，女性观众多于男性观众。年龄分布方面，65岁以上占比27%，是收视的最大人群；25~34岁以及45~54岁分别只占6%左右，是收视观众分布最少的年龄段。学历占比方面，本科及以上学历的电视观众占比约为22%，约七成电视观众学历为中学及以下。收入方面，电视观众呈现两极分化趋势，收视三大群体为收入

3000元以下、3000~6000元和12000元及以上的人群。

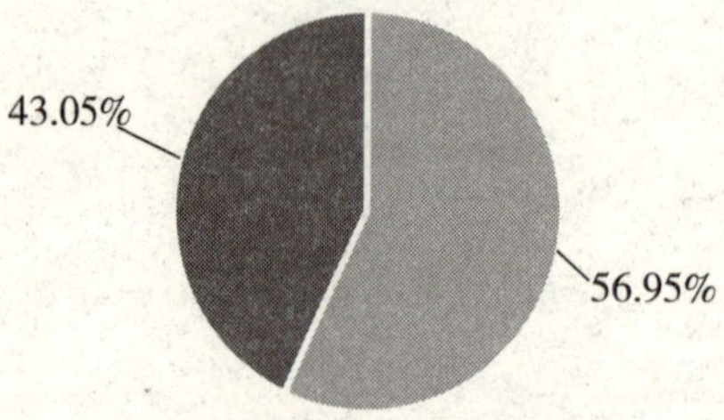

图14 收视人群画像性别分布图

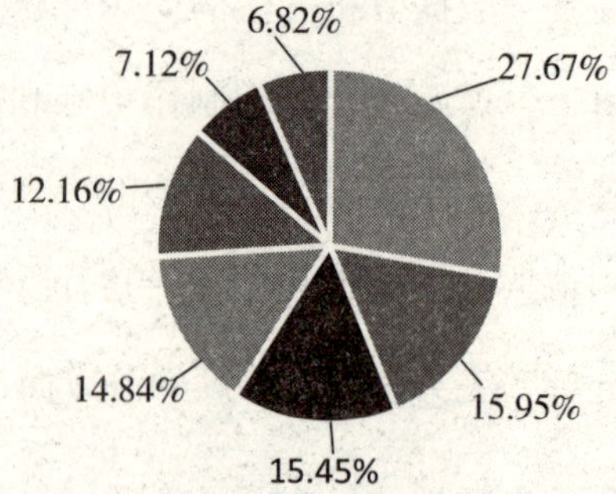

图15 抽样收视人群画像学历分布

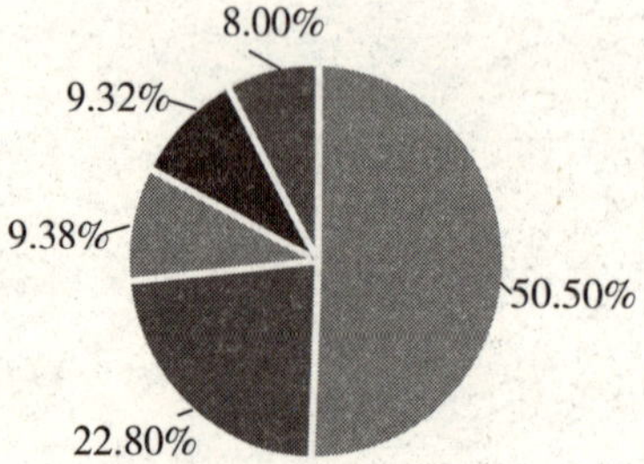

图16 抽样收视人群画像年龄分布

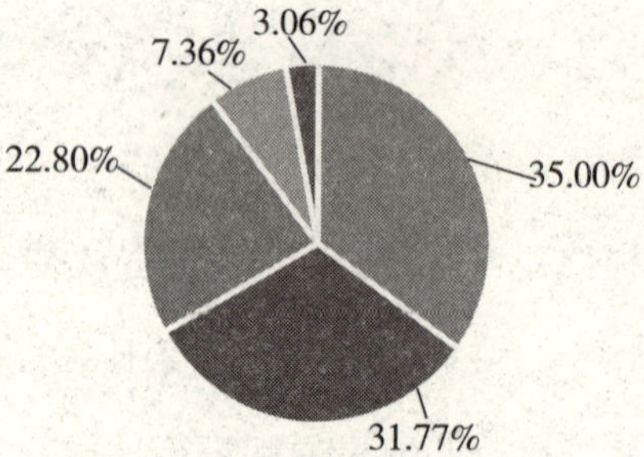

图17 抽样收视人群画像收入分布

在此将数据分为直播端收视行为、点播端收视行为以及观众属性三部分。直播端收视行为描述了用户每次开机之后收看哪个频道的什么节目，这个节目的具体播放信息和标签是什么，之后又跳转到其他频道等信息。点播端收视行为数据描述用户点播某一节目的时间、此节目的信息和标签等信息。为了保证数据安全，在提取操作中对所有数据进行了匿名处理，保证数据只做描述性统计及内容竞争分析使用。

（二）细粒度：智能分析方法

1. 提取“流入–流出对”

基于10万个终端样本的直播、点播记录，我们可以根据开始观看时间还原每个终端所有观看行为的视频序列，打通直播与点播双渠道，获知终端在视频中的跳转情况。用户使用OTT大屏在直播、点播两渠道中任意选择想要观看的视频，每次从当前视频跳转至下一个观看的视频，都可生成一个“流入-流出对”，流入视频与流出视频既为竞品，又为互补。因此，我们首先过滤每一终端的无效观看记录，将有效记录按照开始观看时间排序后，提取每一终端观看行为中的“流入-流出对”，汇总10万终端后得到所有的“流入-流出对”及其频率统计。

将终端直播、点播记录转化为“流入-流出对”及其频率后，我们以此为基础研究不同视频内容之间的竞争和排名情况。

2. Node2Vector计算视频相似度

Node2Vector是一种综合考虑深度优先搜索（DFS）和广度优先搜索（BFS）的图嵌入（Graph Embedding）方法。其主要思想是在由节点组成的网络图结构上进行随机游走，兼顾游走深度与游走宽度，产生大量节点序列，而后将这些序列作为训练样本输入嵌入模型进行训练，输出节点的多维向量。将网络中的节点转化成量化的多维向量后，即可使用向量计算方法进行后续分析。

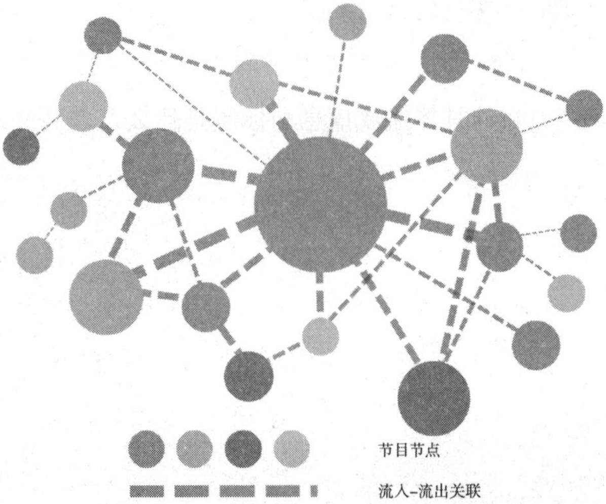

图18　视频“流入-流出对”构建网络

我们根据所有媒体视频构成的“流入-流出对”及其频率搭建视频竞争网络，并使用Node2Vec方法，将网络中的节点转化为64维的嵌入向量。

基于所有视频的嵌入向量，我们通过为每个视频A计算其余弦相似度，得到每个视频A与其他视频B的相似度，进行后续分析。

余弦相似度计算公式：

$$\text{similarity}=cos(\theta)=\frac{A\cdot B}{||A||||B||}=\frac{\sum_{i=1}^{n}A_i\times B_i}{\sqrt{\sum_{i=1}^{n}(A_i)^2}\times\sqrt{\sum_{i=1}^{n}(B_i)^2}} \qquad \text{公式（1）}$$

3. PageRank计算视频排行

终端用户在不同视频之间的跳转代表其在所有直播、点播渠道提供的内容中进行的选择。如果有许多终端都从上一视频跳转指向某一个视频，即视频获得“流出”的频数就越大，可以推断其热度更高、竞争力更强。在任意时刻，每个视频都可能“被流入”或者“被流出”，当最终达到稳定时，将每个视频获得的流量存量由大到小排序，就得到了视频重要性的排序。排在前列的是流出较多的视频，而且经常流向的重要视频也会得到靠前的排位。

因此，我们参考搜索引擎排序网页的PageRank算法，以媒体视频类比搜索结果页，通过计算每个视频的PageRank值，计算视频的热度并进行排序，从而进行后续分析。

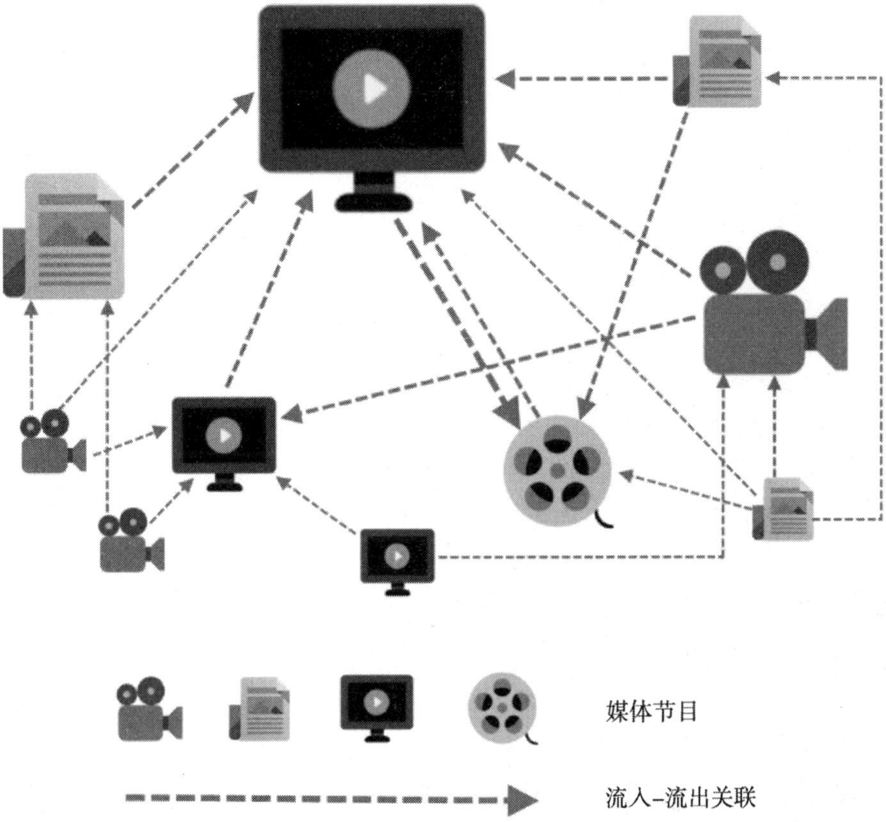

图19　视频“流入–流出对”构建PageRank网络

PageRank计算公式：

$$r(p)=\alpha\cdot\sum_{\forall(q,p)\in E}\frac{r(p)}{out\deg ree(q)}+(1-\alpha)\cdot\frac{1}{N}\qquad\text{公式（2）}$$

其中，为衰减因子，一般取值0.8或0.85，是视频q指向视频p的出度，N为视频的数量，初始化R的值均为1/N，通过迭代计算后得到最终数值结果。

第三节 内容竞争关系挖掘

"好的内容就是好的平台，是一个产业链的原点。"随着互联网经济的发展，媒体传播渠道不再受限于传统，渠道之间的横向竞争逐渐淡化，取而代之的是纵向的内容之间的竞争。用户无须在有限的渠道中选择想看的媒体内容，而是根据自己的偏好，选择承载自己所需内容的渠道。

然而，业界始终缺乏评判内容之间竞争程度的明确标准。对于一些通识的评判指标，如收视率、网络点击率、口碑、热度等，均有各自的局限性，无法通过其中某一指标精准识别视频节目的竞争对手，而且这些指标大多只关注头部内容。

在圈层文化深度发展的今天，观众们大多据守于耕耘已久的兴趣部落，散落在网络世界的各处，全民爆款的出现越来越难，"出圈"悄然一跃，成为大部分内容产品的头号需求。但从各大网络视频平台深耕的自制综艺的成功，如优酷"这就是"系列综艺和芒果慢生活综艺的火爆，我们亦可以看出，深耕小众市场已是未来趋势。视频无须一味追求破圈出圈成为爆款，而是要明确自己所要锚定的小众领域，明确自己的竞争对手，有针对性地提升视频内容，以达到预期的效果。

因此我们首先通过数据描绘内容本身的竞争，通过用户的观看行为，统计视频之间的流入流出关联，以Node2Vec图嵌入算法计算出视频的多维向量，从而计算视频之间的相似度，挖掘视频节目的所有相似视频。通过将所有用户的选择行为数据化，我们从用户的每一次跳转中挖掘视频之间的竞争程度，寻找意料之中或意料之外的竞争对手，明晰视频在观众层面的实际定位，避免发生专注头部内容而小众视频难以获得反馈的现象。同时在结果中寻找竞争原因，找准视频的发力点，以精确指导内容生产者的决策。

我们按照现行公认的视频分类标准对视频类型进行标注，并从中选出四大类视频节目作为内容间竞争的主要分析类型，这四类分别是：电视剧、综艺、动漫、纪录片。这四类视频节目数量比较多，同时这四类视频的制作和播出渠道只有电视台和网络平台，营收渠道也相对更单一，与我们的数据监测场景更加匹配。

我们聚焦于以上四类共计1460个视频节目，以及与每个视频节目竞争程度最高的30个节目。

一、整体情况：七成竞争发生在同类之间

通过对1460个视频节目及其竞争度最高的TOP30视频进行类别分析，我们发现，整体来看70%的竞争发生在同类别的视频中，即电视剧的头号竞品仍然为电视剧，综艺、动漫、纪录片同理。所有视频的同类别竞争程度分布如图20所示，分布的平均线落在70%处；中位数位于77%，说明半数以上的视频同类竞争度高于77%；而超过10%的视频同类竞争度为87%。这一分布体现的是内容竞争中“类别”这一先天因素所扮演的角色。

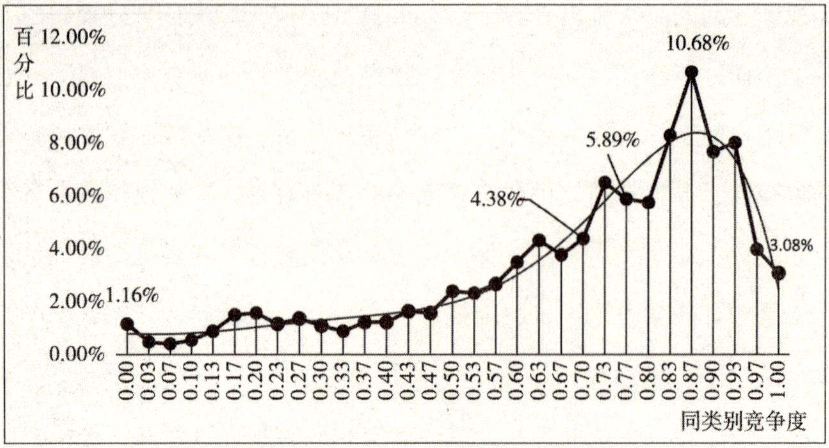

图20　同类别竞争度分布

与我们的过往认知相符，同类别视频之间的竞争更加明显激烈，其原因主要有以下几点：首先，在视频节目进行分类的过程中，这些视频已经因为形式和功能的相似相通而被聚为一类，这些相似度带来的是视频之间天然带有的竞争属性。其次，用户的观看习惯带有规律性。用户在观看时通常会带着一定的目的性，在看完某视频节目时，比较容易沉浸在此视频的余味中，因此会倾向选择同样类别的视频满足其意犹未尽的心理。就渠道而言，智能大屏的自动推荐功能也可能引导目的性不强的观众顺势选择下一部同类别作品观看。

竞争关系的挖掘结果，一方面与我们的常识的高度印证，证明我们数据挖掘的结果对现实中已有认知的高解释度，即在所有视频共同分析而非聚类分析的情况下，用户的观看行为能够反映出视频的一些属性特征。另一方面，整体分布中70%的“意料之中”背后仍有30%的“不匹配”，即在用户的跳转行为挖掘出的结果中，会出现100%内部竞争或0内部竞争的极端情况，也会出现一直深度潜伏着的“跨品类竞争”。这部分“意料之外”即为多数相关从业者的认知盲区，也是我们接下来具体探索、揭晓的无人之域。

二、一类竞争：极度专注，竞争对手皆同行

纵观所有四类视频节目的竞争清单，我们注意到其中约3%的视频，其竞争对手全部为与自己同类别的视频节目，即同类别竞争度等于100%。如电视剧《决胜》《门第》，综艺节目《奔跑吧兄弟第2季》《奔跑吧兄弟第3季》。

表15　《决胜》《门第》竞争视频列表

决胜		门第	
竞争视频	相似度	竞争视频	相似度
兵临村下	0.55	破晓	0.41
枪林弹雨	0.53	幸福像花儿一样	0.41
蜀山战纪2踏火行歌	0.50	爱情的边疆	0.38
繁星四月	0.45	好先生	0.38
师傅	0.44	加油妈妈	0.37
仙剑奇侠传3	0.42	女人当官2	0.35
战昆仑	0.41	我心灿烂	0.34
沧海丝路	0.37	王贵与安娜	0.34
第一声枪响	0.36	大根的梦想生活	0.34
你的传奇之危机四伏	0.36	我的仨妈俩爸	0.34
生死连2	0.34	风车	0.34
天龙八部	0.34	家有儿女第二部	0.33
国士无双黄飞鸿	0.34	谎言的诱惑	0.33
地雷英雄传	0.33	锻刀	0.33
我是杜拉拉	0.33	外科风云	0.33
新亮剑	0.33	浴血十四年	0.33
战神之血染的青春	0.32	田姐辣妹	0.32
敌后便衣队传奇	0.32	中国刑警803	0.32

续表

决胜		门第	
竞争视频	相似度	竞争视频	相似度
最好的遇见	0.32	我在北京·挺好的	0.32
铁核桃之无间风云	0.32	恋爱先生	0.32
特警力量	0.32	永不瞑目	0.31
长江往事	0.31	好久不见	0.31
我的铁血金戈梦	0.31	生活启示录	0.31
亲爱的她们	0.30	生逢灿烂的日子	0.31
女人当官2	0.30	保卫延安	0.31
脱身	0.30	灵与肉	0.31
拥抱幸福	0.30	红七军	0.30
翻译官	0.30	老妈的三国时代	0.30
绝地枪王2	0.30	锦绣未央	0.30
春天里	0.30	射雕英雄传	0.30

《决胜》是由阎建钢执导，王千源、柯蓝、吴刚、孔维、寇振海、贾景晖主演的抗战题材电视剧，讲述了大学教授孔方和未婚妻心理学教师向海音潜入敌方内部，同日军少将横尾阔斗智斗勇的故事，于2016年3月8日在湖北综合频道首播，2018年2月、10月分别于北京卫视、广西卫视复播，2019年4月于贵州卫视播放。除地方卫视等直播频道，PP视频为该剧的线上播放平台。

从《决胜》的竞争视频节目中可以看出，所有对手皆为电视剧，既包含同为康扎题材的《生死连2》《新亮剑》，题材不相关但始终热度颇高的《仙剑奇侠传三》《天龙八部》，也包含《蜀山战纪2踏火行歌》仅网络播放的剧集。通过嵌入向量计算出的相似度，即视频竞争度最高为55%，说明该视频的竞争关系更加分散、复杂。

《门第》是根据作家连谏的同名小说改编，由丁黑执导，郭中東、李小明编剧，佟大为、于明加、丁嘉丽、于小伟、周晓欧、杜源等联袂主演的都市感情剧，讲述一段被“门第”差异所“绑架”的错综复杂的婚姻生活，于2013年5月在安徽卫视、河南卫视、深圳卫视、四川卫视首播。2013~2015年，该剧在多个地方上星卫视重播。2019年5月于辽宁卫视晚间黄金档重播，同时也在爱奇艺、搜狐视频、乐视视频线上播放。

该剧的竞争视频列表中同样出现较多相似题材的都是感情剧、家庭伦理剧，此外也有少量古装剧、抗战剧、刑侦剧等。其最高竞争度仅为41%，相较《决胜》更低，体现该题材的电视剧集拥有更加广泛、复杂的同类别、同题材竞争者。

表16　《奔跑吧兄弟第2季》《奔跑吧兄弟第3季》竞争视频列表

奔跑吧兄弟第2季		奔跑吧兄弟第3季	
竞争视频	相似度	竞争视频	相似度
奔跑吧兄弟抢先看	0.92	奔跑吧兄弟抢先看	0.95
奔跑吧兄弟第3季	0.92	奔跑吧兄弟之郑恺三舍baby	0.94
奔跑吧兄弟策划之明星糗事	0.91	奔跑吧兄弟策划之明星糗事	0.93
150116奔跑吧兄弟正片合辑	0.90	奔跑吧兄弟第四期预告	0.92
奔跑吧兄弟之郑恺三舍baby	0.90	奔跑吧兄弟第2季	0.92
奔跑吧兄弟第四期预告	0.89	奔跑吧兄弟未播花絮	0.91
奔跑吧兄弟未播花絮	0.89	奔跑吧兄弟	0.90
奔跑吧兄弟之娱乐圈明星几宗罪	0.87	150116奔跑吧兄弟正片合辑	0.88
跑男来了第4季	0.86	奔跑吧兄弟策划之baby玩弹幕	0.87
奔跑吧兄弟策划之穿帮镜头	0.85	奔跑吧兄弟之娱乐圈明星几宗罪	0.86
奔跑吧兄弟第4季	0.84	奔跑吧兄弟预告	0.85
奔跑吧兄弟策划之baby玩弹幕	0.84	跑男来了第4季	0.84
奔跑吧兄弟	0.84	奔跑吧兄弟策划之穿帮镜头	0.84

续表

奔跑吧兄弟第2季		奔跑吧兄弟第3季	
竞争视频	相似度	竞争视频	相似度
奔跑吧兄弟预告	0.82	奔跑吧兄弟第4季	0.82
综艺大爆炸	0.82	综艺大爆炸	0.79
奔跑吧兄弟第3季盘点	0.75	奔跑吧兄弟第3季盘点	0.78
甜馨的可爱瞬间	0.72	奔跑吧	0.72
来吧！冠军	0.71	甜馨的可爱瞬间	0.65
爸爸回来了第2季	0.7	综艺一姐我只认甜馨	0.64
综艺一姐我只认甜馨	0.7	来吧！冠军	0.64
大牌驾到花絮	0.7	大牌驾到花絮	0.63
奔跑吧	0.63	爸爸回来了第2季	0.63
极限挑战	0.55	奔跑吧第2季	0.55
奔跑吧第2季	0.53	极限挑战	0.53
非常静距离	0.5	非常静距离	0.52
极限挑战第3季	0.5	奔跑吧兄弟第4季	0.5
奔跑吧兄弟第4季	0.45	极限挑战第3季	0.48
每日综艺必看	0.44	王牌对王牌第3季	0.48
喜剧大咖	0.43	每日综艺必看	0.46
2018狗年北京台春晚	0.41	喜剧大咖	0.43

《奔跑吧兄弟》是浙江卫视引进韩国SBS电视台综艺视频《Running Man》推出的大型户外竞技真人秀节目，2013年由浙江卫视和韩国SBS联合制作第一季，第二、三、四季由浙江卫视节目中心制作，于2014~2017年播出。与其他定位明确的综艺视频相比，该综艺面向全年龄层观众且延续时间长，因而收视率、国民度高于同类户外综艺。由于播出时间及播出卫视的限制，我们采集到的与之相关的数据基本来自用户的点播行为而非直

播。在点播渠道中，系列综艺的衍生视频数量不受限制，且正片与花絮、集锦、预告的关联度极强，所以与《奔跑吧兄弟》直接竞争的视频多为自身的衍生视频，竞争度的计算数值亦远高于电视剧类别。对于物料丰富而正片时长经常受限的综艺视频，用心经营衍生产品，亦可以提升观众对视频的观看黏性，避免观众的流失。

三、二类竞争：合理跨界，受众时势巧重合

在我们计算视频同类竞争度的结果中，半数视频的同类竞争度分布在0.70~0.93这一区间内。这些视频的竞品列表里绝大多数是同类别的视频，或换言之，是制片人与观众“认为”它们应该直面的竞争对手，但同时也存在少数跨类别的节目，比如国民级相亲综艺《非诚勿扰》有23%的竞品是电视剧，其头号竞争对手为《父母爱情》，而后是《延禧攻略》，第三、第四才是与之类别题材相一致的传统对手《新相亲时代》《新相亲大会》。

而对电视剧《父母爱情》，27%的竞品为综艺视频。与其竞争度最高的视频节目为电视剧《情满四合院》，其次是《非诚勿扰》《后宫甄嬛传》与《延禧攻略》。在列表中游还可以看到《铁齿铜牙纪晓岚》这样年代久远的经典电视剧，以及《男生女生闯天涯》这类延续已久、亲民接地气的户外冲关真人秀。

为何《非诚勿扰》与《父母爱情》两个完全无关的视频节目会互为彼此的强力对手？究其原因，是双方共享着同一批数量广大、分布广泛、有休闲需求且掌握着电视端支配权的观众。《非诚勿扰》自2010年开播即走红，享有极高的国民度，即便不久后便有雨后春笋般的相似产品出现，进入互联网时代后人们拥有了更丰富的娱乐渠道消遣场景，但坐在电视机前的观众仍然倾向于选择他们最熟悉的相亲类休闲节目。而《父母爱情》虽

然2014年通过央视综合频道首播时并未在央视受众之外的群体中走红，但随其出品公司山东影视公司几部作品的爆火，制作精良、情节饱满的《父母爱情》也逐渐获得更多观众的注意，2018年3月~2019年5月，陆续登陆6个地方卫视的黄金档。线上播出平台爱奇艺、腾讯视频、央视网、风行网覆盖面也广泛。这两档视频节目虽然定位全然不同，但都通过自身特色与时代特征吸引到大量的收视群体，庞大的基数带来高度重合的观众，于是这一批观众的跳转行为则在数据层面将它们划为竞品。

表17 《非诚勿扰》《父母爱情》竞争视频列表

非诚勿扰			父母爱情		
竞争视频	类别	相似度	竞争视频	类别	相似度
父母爱情	电视剧	0.57	情满四合院	电视剧	0.59
延禧攻略	电视剧	0.49	非诚勿扰	综艺	0.57
新相亲时代	综艺	0.47	后宫甄嬛传	电视剧	0.44
新相亲大会	综艺	0.45	延禧攻略	电视剧	0.43
东方大赏	综艺	0.45	平凡岁月	电视剧	0.39
中华文明之美	综艺	0.44	铁齿铜牙纪晓岚第2部	电视剧	0.37
极限挑战第5季	综艺	0.43	回家的路有多远	电视剧	0.37
妈妈咪呀第5季	综艺	0.41	铁齿铜牙纪晓岚第3部	电视剧	0.36
男生女生闯天涯	综艺	0.41	欢乐集结号	综艺	0.33
甄嬛传	电视剧	0.41	飞虎队	电视剧	0.31
王牌对王牌第4季	综艺	0.39	男生女生闯天涯	综艺	0.30
中国新相亲	综艺	0.39	最炫国剧风	综艺	0.30
走火	电视剧	0.37	说天下	综艺	0.30
说天下	综艺	0.37	插翅难逃	电视剧	0.30
妈妈咪呀第2季	综艺	0.35	芝麻胡同	电视剧	0.29
星光大道	综艺	0.34	男生女生向前冲第10季	综艺	0.29

续表

非诚勿扰			父母爱情		
竞争视频	类别	相似度	竞争视频	类别	相似度
妈妈咪呀第6季	综艺	0.33	猎豺狼	电视剧	0.29
笑傲江湖第4季	综艺	0.33	啊，父老乡亲	电视剧	0.28
百变达人	综艺	0.33	暖暖的幸福	电视剧	0.28
情满四合院	电视剧	0.33	嘿，孩子！	电视剧	0.28
妈妈咪呀第3季	综艺	0.32	重案六组	电视剧	0.28
潮童天下	综艺	0.31	亲情树	电视剧	0.27
养生堂	综艺	0.31	团圆饭	电视剧	0.26
摇啊笑啊桥	综艺	0.30	娘亲舅大	电视剧	0.26
卧虎	电视剧	0.29	探秘大峡谷	综艺	0.26
奔跑吧第2季	综艺	0.29	飞哥大英雄	电视剧	0.26
妈妈咪呀第4季	综艺	0.29	养生堂	综艺	0.25
综艺盛典	综艺	0.29	谎言的诱惑	电视剧	0.25
男生女生向前冲第10季	综艺	0.28	爱情公寓第2部	电视剧	0.25
平凡岁月	电视剧	0.28	苍狼	电视剧	0.25
同类竞争度		76.67%	同类竞争度		73.33%

如果以视频之间的相似程度作为竞争的标准，那么是否意味着两档看起来相似的视频节目就会拥有同样的竞争视频呢？事实并非如此，从我们计算出的竞争度结果来看，即便是两档类型相同、定位相同、竞争度高的完全对标的视频节目，其所处的竞争环境也可能有很大差别。

以过往经验和数值计算都高度相似的《非诚勿扰》与《新相亲时代》为例，两档视频节目即便拥有相同的相亲内核，甚至是相同的出品卫视与同一位出名的主持人，其所处的“竞争森林”只有40%的重合度。

表18 《非诚勿扰》《新相亲时代》竞争视频列表

非诚勿扰			新相亲时代		
竞争视频	类别	相似度	竞争视频	类别	相似度
父母爱情	电视剧	0.57	新相亲大会	综艺	0.60
延禧攻略	电视剧	0.49	美好时代	综艺	0.51
新相亲时代	综艺	0.47	非诚勿扰	综艺	0.47
新相亲大会	综艺	0.45	极限挑战第5季	综艺	0.46
东方大赏	综艺	0.45	荔枝大剧秀	综艺	0.46
中华文明之美	综艺	0.44	一站到底	综艺	0.46
极限挑战第5季	综艺	0.43	中国新相亲	综艺	0.45
妈妈咪呀第5季	综艺	0.41	家屋室的主人	综艺	0.44
男生女生闯天涯	综艺	0.41	百变达人	综艺	0.44
后宫甄嬛传	电视剧	0.41	妈妈咪呀第5季	综艺	0.44
王牌对王牌第4季	综艺	0.39	王牌对王牌第3季	综艺	0.43
中国新相亲	综艺	0.39	东方看大剧	综艺	0.43
走火	电视剧	0.37	东方大赏	综艺	0.40
说天下	综艺	0.37	蒙面唱将猜猜猜第3季	综艺	0.39
妈妈咪呀第2季	综艺	0.35	走火	电视剧	0.39
星光大道	综艺	0.34	欢乐喜剧人第4季	综艺	0.39
妈妈咪呀第6季	综艺	0.33	妈妈咪呀第2季	综艺	0.38
笑傲江湖第4季	综艺	0.33	江河水	电视剧	0.37
百变达人	综艺	0.33	向往的生活第1季	综艺	0.36
情满四合院	电视剧	0.33	娱乐星天地	综艺	0.35
妈妈咪呀第3季	综艺	0.32	潮童天下	综艺	0.34
潮童天下	综艺	0.31	爱情保卫战	综艺	0.34

续表

非诚勿扰			新相亲时代		
竞争视频	类别	相似度	竞争视频	类别	相似度
养生堂	综艺	0.31	一场遇见爱情的旅行	电视剧	0.34
摇啊笑啊桥	综艺	0.30	丁大命	电视剧	0.34
卧虎	电视剧	0.29	妈妈咪呀第6季	综艺	0.34
奔跑吧第2季	综艺	0.29	笑傲江湖第4季	综艺	0.33
妈妈咪呀第4季	综艺	0.29	如果，爱	电视剧	0.33
综艺盛典	综艺	0.29	妈妈咪呀第4季	综艺	0.33
男生女生向前冲第10季	综艺	0.28	王牌对王牌第4季	综艺	0.32
平凡岁月	电视剧	0.28	诗书画	综艺	0.32
同类竞争度		76.67%	重合竞争节目	同类竞争度	83.33%

两档相亲节目重合的竞争对手，或为内核相同的相亲视频节目，或为国民度较高的综艺视频节目。而交集之外的节目，如仅在《非诚勿扰》竞品列表中出现的《父母爱情》《延禧攻略》《后宫甄嬛传》是受众面更广的国民剧集，由此可知《新相亲时代》相比《非诚勿扰》，仍为“小众”的综艺视频。

可以看出，其实视频的竞争并不是由类别而固化的，每个视频都是独特的个体，其竞争视频由多种多样的因素共同影响。可以说，视频的竞争也是“千人千面”的，就算是同类别的相似视频节目，其竞争视频的重合度也比较低。

虽然难以通过诸多因素的综合分析来判断视频的竞争情况，但通过数据分析可以很直观地看到视频之间的竞争情况。我们的数据分析方法所得到的结果是非常有针对性的，并不单一以视频总收视点击率高低作为评判的标准，而是能够做到对每个视频进行个性化的分析，以求得到其竞争情况最为准确的描述。

四、三类竞争：意料之外，看不见的竞争者

并非所有视频节目都能按照出品方的设想，与预设的“竞争对手”一路交锋至电视机前。开播前颇负盛望的《天盛长歌》虽然获得剧迷的高度赞赏，但从收视层面表现并不如最初的期待，或以当下的词汇形容：不出圈。因此，从用户跳转行为挖掘出的竞争视频列表来看，电视剧数量与综艺和动漫的加和数量持平，竞争度最高的视频节目是无明显交集的《新舞林大会》，且与《天盛长歌》构成有力竞争的电视剧中古装剧仅占少数。

《创造101》作为2018偶像元年的巅峰之作，在画上句号后仍有大量观众以点播渠道回看，而这群观众选择的其他视频，基本不受类别这一因素的影响，因而与《创造101》竞争度高的视频节目中，既有同为腾讯独播的门面综艺《明日之子第2季》、播出时间重合的《极限挑战第4季》，也有看似与之毫不相关但竞争相似度高达96%的动漫《万界仙踪》、电视剧《浪花一朵朵》。

表19　《天盛长歌》《创造101》竞争视频列表

天盛长歌			创造101		
竞争视频	类别	相似度	竞争视频	类别	相似度
新舞林大会	综艺	0.63	万界仙踪	动漫	0.96
幻乐之城	综艺	0.51	浪花一朵朵	电视剧	0.96
我家那小子	综艺	0.48	来自海洋的你	电视剧	0.91
武动乾坤	动漫	0.44	极限挑战第4季	综艺	0.87
我的孩子我的家	电视剧	0.42	花谢花飞花满天	电视剧	0.85

续表

天盛长歌			创造101		
竞争视频	类别	相似度	竞争视频	类别	相似度
月嫂先生	电视剧	0.42	素手遮天	电视剧	0.85
我们的千阙歌	电视剧	0.41	放开我北鼻第3季	综艺	0.84
恋爱先生	电视剧	0.41	中餐厅	综艺	0.81
万家灯火	综艺	0.40	魔道祖师	动漫	0.71
我是大美人	综艺	0.40	重返20岁	电视剧	0.71
再创世纪	电视剧	0.40	铠甲勇士	电视剧	0.68
风再起时	电视剧	0.39	大话西游之爱你一万年	电视剧	0.65
少年说	综艺	0.39	高能少年团第2季	综艺	0.64
快乐哆咪咪	综艺	0.39	我是大侦探	综艺	0.61
锻刀	电视剧	0.38	快把我哥带走	电视剧	0.60
机智过人第2季	综艺	0.37	萌妻食神	电视剧	0.58
我家那闺女	综艺	0.37	明日之子第2季	综艺	0.58
盛世妆娘	动漫	0.35	青春警事	电视剧	0.57
大清盐商	电视剧	0.34	莽荒纪	电视剧	0.56
只为遇见你	电视剧	0.34	功夫之爱的速递	电视剧	0.56
老男孩	电视剧	0.33	少年说	综艺	0.55
小姨多鹤	电视剧	0.33	爱情公寓第3部	电视剧	0.53
歌手2019	综艺	0.33	骨语	电视剧	0.53
特殊使命	电视剧	0.32	枪神记	动漫	0.52
百变达人	综艺	0.32	红蝎子之带泪梨花	电视剧	0.52
摇啊笑啊桥	综艺	0.32	血色浪漫	电视剧	0.51
远大前程	电视剧	0.32	奔跑吧第2季	综艺	0.49
何所冬暖，何所夏凉	电视剧	0.31	哆啦A梦第5季	动漫	0.49
中餐厅第2季	综艺	0.31	神犬小七第2季	电视剧	0.48
那座城这家人	电视剧	0.31	繁星四月	电视剧	0.48
同类竞争度		50.00%	同类竞争度		26.67%

从以上分析结果来看，以类别论竞争并不能覆盖到这部分竞争。在追求精细高质量的竞争时代，这一部分难以使用类别进行解释的竞争现象是为媒体视频节目带来增量的关键所在。这也提醒我们，分析视频竞争既要基于过往经验给出前瞻预设，也应利用数据时代技术方法的强大功能，收集、计算来自前线的实时战况。

五、用户视角：竞争格局新维度

内容竞争中出现的跨类别竞争现象，说明当下媒体视频的竞争打破类别的壁垒，面对海量视频的用户拥有不受类别限制的选择权。从用户的视角出发，接连选择观看的视频不需要同属某一类别，也可能是视频内容中包含吸引用户的相同点。不同用户根据自己的潜在偏好选择视频节目，由此形成了内容竞争的新维度——用户偏好。

我们根据收视行为计算视频的竞争关系，总结了较为突出的用户收视行为偏好。例如，有些用户偏爱有流量明星参与的真人秀综艺，有些用户收割高口碑精制作的视频节目而不分类别题材，有的用户完全跟随电视屏幕的推荐清单，有的用户仅关注少数的固定频道。

表20　用户收视行为偏好特征

观众群体	偏好特征
话家常特级选手	对家庭、宫斗、养生、相亲无限偏爱
带娃追剧两不误	常与早教动画神奇共现
根正苗红央视粉	对央视的各类节目情有独钟
热血男青年	偏爱热血硬汉题材的电视剧
IP剧迷	一边吐槽魔改一边倔强追剧
优质内容爱好者	一眼即知节目制作用心程度的老江湖

用户明显的收视行为特征可以给内容战场的参战方以启示。在制作视频节目当中，不再以地缘和年龄、性别等物理指标对用户进行区分，而是适当结合用户的观看偏好指导、调整内容制作。例如在制作IP剧时，可以参照IP剧粉对于此类电视剧的要求，以IP剧迷的收视倾向来选择剧本和制作方式；在改编的过程中也要考虑IP剧迷对改编的态度，对剧进行合理地改编以符合收视人群的收视习惯，从而保证视频节目的收视基础，增强在内容战场的竞争潜力。

第四节　内容竞争力排行

榜单，是作为门外汉初次接触新领域时最便捷经济的渠道，一方面凝结领域内部信息折射领域全局，一方面对外呈现权威精简的咨询，古往今来皆为兵家必争之地。古有姜子牙执掌封神榜，当今的榜单则是横贯各行各业、各种视角应有尽有。在媒体内容产品的竞争格局中，广大观众可接触、可参考的榜单丰富多量，这为观众快速选择自己偏好的媒体产品提供了极大的便利。

但凡事过犹不及，市面上过多的榜单反而让观众增加选择的时间成本，部分巧立名目利益先行的榜单也在无形中拉低了观众对榜单的信任度。为此，我们在研究媒体内容相互竞争的之余，也使用PageRank算法计算媒体视频节目在电视端的排名。

PageRank（网页排名）是一种根据网页之间相互超链接计算而排名的技术，能够有效过滤网页中的注水、作弊、广告等垃圾网页，规避人为操纵，还原网页真实的相关性与重要性并给出排名，已被Google和Baidu验证其在网络内容排名领域的可行性和可靠性。我们将媒体视频类比成搜索引擎中的网页得到节点，以观众在不同视频之间的跳转类比网页之间链接，构成节点间的关联关系，计算所有视频的PageRank数值，即通过用户的选择行为计算得出视频竞争力的排行榜。我们选取市面上公信力较高且覆盖面与数据覆盖范围匹配的榜单作为参考，与计算得到的PageRank榜单横向对比进行分析。

为使对比直观，我们以视频类别区分，分别分析电视剧、综艺、纪录片和动漫的排行榜单。

一、电视剧：电视屏幕显露个性，出圈方能横扫渠道

表21　电视剧热度、口碑、PageRank排行榜

全网播放量排行	豆瓣评分排行	PageRank排行
延禧攻略	大江大河	都挺好（2019）
如懿传	忽而今夏	娘道
扶摇	天盛长歌	猎毒人
香蜜沉沉烬如霜	和平饭店	延禧攻略
谈判官	香蜜沉沉烬如霜	扶摇
凉生我们可不可以不忧伤	天坑鹰猎	如懿传
温暖的弦	疯人院	知否知否应是绿肥红瘦
一千零一夜	东方华尔街	岁岁年年柿柿红
烈火如歌	夜天子	父母爱情
你和我的倾城时光	如懿传	香蜜沉沉烬如霜

作为内容行业中的主流，围绕电视剧进行的排名、盘点不胜枚举。我

们综合考察市面上关于电视剧的榜单后，选择“2018年电视剧播放量排行榜”“2018年度豆瓣十大高分电视剧”两个榜单分别衡量电视剧的整体热度、口碑质量，并根据观众观看行为计算的电视剧PageRank排行进行对比分析。

在全网平台的统计结果中，《延禧攻略》《如懿传》《扶摇》《香蜜沉沉烬如霜》占据榜单前四，成为“破层出圈”之作，热度可见一斑。其中，《如懿传》《香蜜沉沉烬如霜》同时收获较高的用户口碑，叫好又叫座。而以上四部作品同样出现在PageRank排行榜中，说明智能大屏前的用户也被这些剧集吸引，成为忠实剧迷。

但全网热度高居榜首的剧集在PageRank排行榜中并未占据榜首，热度榜单的其他剧集也未能出现在PageRank榜中，取而代之的是《娘道》《年年岁岁柿柿红》《父母爱情》等家庭题材剧集（《都挺好》因播出时间为2019年，不在参考排行榜覆盖时间内，仅作参考）。这一现象体现出智能大屏前的用户与全网用户的偏好差异，全网热度固然能够折射聚集热度，但面向智能大屏这块屏幕，全网数据并不能反映大屏用户的内容需求，对视频竞争力的衡量需要“因屏而异”，全面考察。

二、综艺：热度口碑电视排行，无须交集各显神通

表22　综艺热度、口碑、PageRank排行榜

全网播放量排行	豆瓣评分排行	PageRank排行
王牌对王牌第3季	一本好书	非诚勿扰
奔跑吧兄弟第2季	圆桌派第3季	精彩音乐汇
爱情保卫战2018	声入人心	新相亲大会
创造101	奇遇人生	喜剧大咖
明日之子	明星大侦探第4季	新相亲时代

我们选择艺恩数据整理的全网点击率排行作为综艺视频的热度指标，继续选择豆瓣评分衡量视频口碑，通过观众跳转行为计算视频PageRank值并选出得分最高的综艺视频。三榜对比，发现没有重合的综艺视频节目。

从全网点击率排行来看，《王牌对王牌》《奔跑吧兄弟》《爱情保卫战》作为“综二代”，拥有积累已久的观众基础；《创造101》与《明日之子》因其自带关注的选秀题材获得超高的网络点击率。但在口碑这一维度，大众喜爱的“快餐”综艺注定不如定位细致、制作精良的精致综艺。而在智能大屏面前，爱情、相亲题材节目大杀四方，牢牢抓住用户的目光，同为大众休闲类视频节目，网络用户首选明星真人秀，高品位观众仍然倾向高质量视频节目，大屏用户则通过遥控器呈现出全然不同的偏爱与选择。

三、动漫：动漫动画各有门户，渠道互通遥遥无期

我们对动漫视频节目的热度衡量，参考了国内最大的动漫放映平台B站（bilibili.com）。从全网点击率排行来看，可能是版权购买原因或受众的高度集中，B站播放量前十榜单被日本动漫完全占据，《Overlord 2》《工作细胞》《Overlord 3》位列前三。在豆瓣评分排行榜中，日本的垄断态势走低，包括《请吃红小豆吧！》《魔道祖师》《刺客伍六七》在内的多部国产动画凭借出色的画面、可爱的人设及引人入胜的剧情，得以在榜单中拥有名次。《我的英雄学院3》成为唯一的双料动漫。由于大屏端点播渠道与B站尚未形成宽阔持久的渠道联结，参考榜单的作品明显倾向于不限年龄的“动漫”，出现于PageRank榜单的作品大多为定向服务幼儿的“动画”，强调动画片对少年儿童的教育意义，因此与其他两榜全无交集。相较于电视剧、综艺中不同题材的视频节目差异，“动漫”与“动

画”虽同处于二次元，却注定有着更高更厚的壁垒，因其自立项、面世，即已确定将要面对不同年龄层级的用户。传播渠道不曾打通，因而两类用户只得为了内容“接受”渠道。虽然当下动漫与动画的渠道互通尚显遥远，但当处于动漫、动画模糊边界的作品逐渐增多，瞄准机会率先打破渠道边界的平台，将最可能吸引到来自壁垒那端的新观众。

表23　动漫热度、口碑、PageRank排行榜

全网播放量排行	豆瓣评分排行	PageRank排行
Overlord 2	我的英雄学院3	小猪佩奇
工作细胞	马男波杰克第5季	小猪佩奇第1季
Overlord 3	齐木楠雄的灾难	中国经典怀旧动画
我的英雄学院3	请吃红小豆吧！	葫芦兄弟
杀戮天使	工作细胞	名侦探柯南普通话版
关于我转生变成史莱姆这档事	魔道祖师	哆啦A梦
戒律的复活	刺客伍六七	奥特曼最强合辑
紫罗兰永恒花园	MEGALO BOX	斗罗大陆
超能力女儿	恶魔人Crybaby	哆啦A梦第1季
青春猪头少年不会梦到兔女郎学姐	紫罗兰永恒花园	海绵宝宝合集

四、纪录片：阳春白雪不限题材，下里巴人体贴少年

表24　纪录片口碑、PageRank排行榜

豆瓣评分排行	PageRank排行
王朝	豆瓣9分以上纪录片
如果国宝会说话	六一儿童节专题纪录片大赏

续表

豆瓣评分排行	PageRank排行
大猫	国家地理纪录片专区
局部	蓝色星球2策划专辑
空中浩劫	狗年与汪星人一起闹新春
那天，大海	档案
生命时速·紧急救护120	暑假神游历险记：荒野探险
西南联大	暑假神游历险记：恐龙约会
她说：女性人生瞬间	生命的脉动
风味人间	十大巨蛇之最

由于纪录片很难找到统一的全网播放量统计口径，我们仅呈现豆瓣评分排行榜。口碑榜单上，中外纪录片平分秋色，过半数纪录片由海内外官方媒体制作，且上榜纪录片涉猎范围广泛，以纪录片为载体向广大用户提供窥探、了解陌生领域的途径。而大屏前的观众“投票”给更多贴近生活的纪录片，或是面向儿童、少年寓教于乐型的纪录片。两个榜单的零交集依然受节目版权、播放渠道的限制，渠道的通融有助于不同终端面前的观众更加自由地选择想要观看的视频节目。

五、榜单对比：内容竞争因屏而异，家长里短主导客厅

从以上电视剧、综艺、动漫、纪录片的网络排行与PageRank排行对比分析可知，大屏用户与网络用户虽然重合度逐渐攀升，但差集用户的存在、消费场景的不同、当下内容的渠道限制，使得这两个群体保留消费习惯的差异。因此，泛泛使用基于网络消费生成的排行榜单，指导智能大屏的竞争策略，会对大屏的认知出现偏差，产生错误的结论。需系统分析两

类用户的异同，规避误判损失。

一方面，相较大屏用户，电脑、手机的用户聚焦在年轻群体，而儿童、老年人更适合电视大屏，因此PageRank排行榜视频节目相比网络热度榜单视频有着更明显的亲民性、丰富性和教育性，不同年龄段的不同需求共同构成类型和题材的“大杂烩”。另一方面，相较于手机精致的小屏，智能大屏屏幕尺寸更大、更加公开。或许由于这一特点，手机、电脑观剧的场景多为吃饭休息、通勤途中、睡前娱乐等用户独自或两三好友共同体验的私人场景，而大屏则在逢年过节、新闻、寓教于乐等全家共同体验的场景中出现频繁，因此PageRank排行榜内呈现较大差异。毕竟大多数情况下，情爱悲欢是私人享有的秘密，家长里短才是合家共赏的话题。

第五节　卫视竞争分析

在新媒体时代下，渠道泛化使网络播出平台急剧增加。而且，头部网络平台早已开始“内容+平台”的产业布局，加入了激烈的内容竞争之中。传统电视台在适应新媒体转型的路上目前仍在探索，除部分上星频道外，大多数频道均面临着难以提升的惨淡收视。因此，我们在播出平台部分针对电视台的收视情况进行数据分析，希望以此帮助电视台更有针对性地明确自己的优劣势，制定相应的策略。

我们通过计算各卫视的收视人群集中度与内容类型集中度，绘制二维图进行分析，明确各卫视的定位，研究其目前的目标用户特点。同时，通过研究电视台内容收视的分布情况，对比研究电视台的预期受众与实际受众特点的差异，基于研究结果，提出电视台日后选择节目的建议。

一、天下大同：各地方卫视收视人群分布相似

在以上分析的基础上，我们对各省级卫视的收视人群画像进行分析，在分析的数据结果中，我们发现，各省级卫视的收视人群分布无显著差别。

男女比例方面，各省级卫视的收视用户中男性占比均在41%~44%，剩余部分为女性用户。这与全国范围的收视人群占比相似，女性用户多于男性用户。

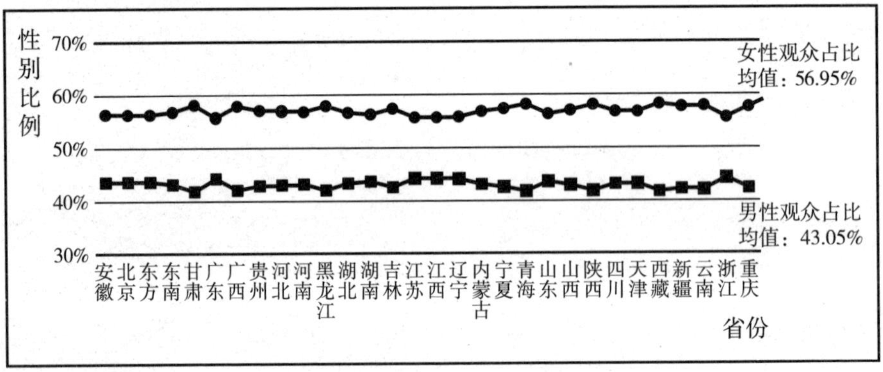

图21 各卫视收视人群性别分布

年龄分布方面，65岁以上占比25%左右，24岁以下及55岁以上的大屏用户占比约七成，是电视收视的主要贡献人群，这部分人的生活压力较小、居家时间更多是一定的原因。

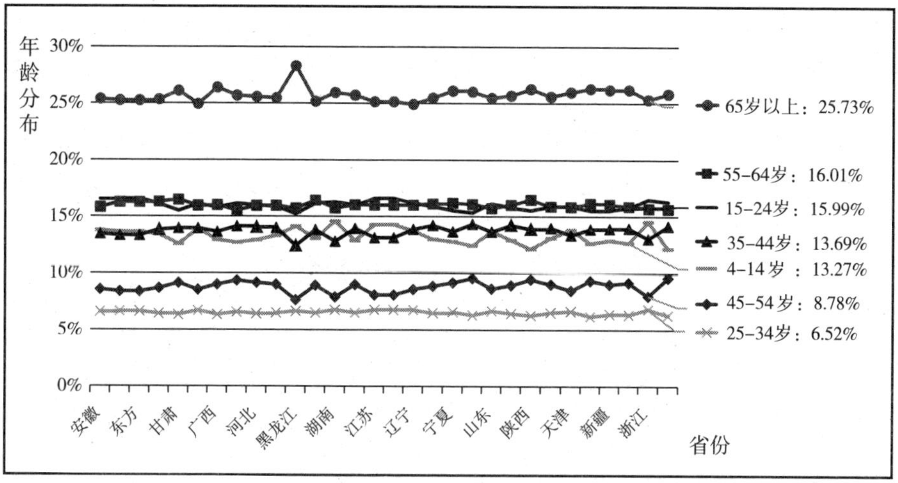

图22　各卫视收视人群年龄分布

学历占比方面，约七成大屏用户学历为中学及以下，本科及以上学历的用户占比约为25%。收入方面大屏用户呈现两极分化趋势，6000元及以下收入人群占比最多，可达60%左右，其次为收入12000元及以上的人群，所占比例为22%~24%。

总体来说，各省级卫视观众在以上几个维度的差异均小于2%，因此可以认为，各省级卫视的受众差异度在以上几个维度均不显著。这也侧面反映出目前大屏用户群体不再以性别、年龄等基础特征明显区分，更多兴趣、爱好等精神层面的特征成为用户群体画像的新维度。

当收视人群大抵相似，各个卫视站在相近的起跑线上竞争。视频节目的独特风格、稳定优秀的质量、匹配的营销宣传加上搭配得当的视频布局，将成为卫视竞争的加速器。

二、地缘强势：上星卫视忠实观众多来自本省

在统计样本覆盖的地区中，各省级卫视的主要收视人群均为本省观众，由此可知大屏用户在选择电视节目时会显示出一定的地缘倾向，优先

选择收看本省卫视。

统计结果显示，部分省级卫视的省内收视终端数和平均收视时长皆名列前茅，体现省级卫视与其省内观众的双向选择，这些卫视有东方卫视、湖南卫视、浙江卫视、山东卫视、吉林卫视和广西卫视。

表25　六省观众观视终端数最多卫视

省份	收视终端数1	收视终端数2	收视终端数3
上海	CCTV-1综合	黑龙江卫视	湖南卫视
广西	广西卫视	黑龙江卫视	湖南卫视
湖南	CCTV-1综合	黑龙江卫视	CCTV-4中文国际（亚）
吉林	黑龙江卫视	吉林卫视	东方卫视
山东	山东卫视	CCTV-6电影	CCTV-3综艺
浙江	浙江卫视	湖南卫视	黑龙江卫视

表26　六省观众平均收视时长最高卫视

省份	平均收视时长1	平均收视时长2	平均收视时长3
上海	CCTV-4中文国际（亚）	CCTV-13新闻	CCTV-3综艺
广西	CCTV-1综合	CCTV-4中文国际（亚）	CCTV-13新闻
湖南	CCTV-4中文国际（亚）	CCTV-1综合	CCTV-13新闻
吉林	CCTV-1综合	CCTV-4中文国际（亚）	CCTV-13新闻
山东	CCTV-1综合	CCTV-6电影	CCTV-4中文国际（亚）
浙江	浙江卫视	CCTV-8电视剧	CCTV-13新闻

对大部分省级卫视，省内观众是其收视大盘的主力人群，地缘携带的关注与收视是各地方卫视理应抓住的近水楼台。因此，电视台在节目制作和排播时，可以通过观众调查等方式对本省观众的喜好侧重进行研究，这是增加生活类节目的比例、拉近与观众的距离、维持观众黏性、夯实收视的基础。

三、各有所好：涉猎最广的省份 VS 最专注的省份

我们发现不同省份的观众或广泛跳转于诸多卫视，或专注于少数头部卫视，为此我们用所有省份观众收看地方卫视的终端数目分布的变异系数来衡量每个省份观众的涉猎范围。变异系数越小，说明分布越接近平均，即该省观众观看各个卫视的数量比例波动范围越小，观众越“涉猎广泛”；反之，变异系数越大，说明该省观众越倾向于集中观看头部卫视，远多于观看其余卫视的观众数量，则该省观众越“集中专注”。

经统计，西藏、宁夏、黑龙江、甘肃、天津等省（市）的观众对大多数省级卫视的视频节目均有涉猎，更喜欢在多个频道间来回切换观看，可以说是涉猎最广的观众群体。湖南、湖北、江苏、上海、四川等地则恰好相反，这些地区的观众在选择视频节目时有比较明显的指向性，偏爱央视与高国民度的地方卫视，大多数观众对于其他各省的卫视并不关注，堪称最专注的观众。

表27　各省观众收视情况变异系数TOP5 & LAST5

省份	变异系数	均值	标准差	省份	变异系数	均值	标准差
湖南	0.60	1412.61	850.24	西藏	0.45	326.80	146.93
湖北	0.59	2237.10	1310.44	宁夏	0.46	933.41	432.54
江苏	0.58	4208.84	2461.19	黑龙江	0.47	1766.90	825.95
上海	0.56	1301.98	731.98	甘肃	0.47	757.61	354.35
四川	0.56	241.90	134.96	天津	0.47	573.61	271.60

四、国民之选：卫视国民度 TOP5 花落谁家

根据收视比例（卫视收视终端数/样本总终端数）进行排名，位列前五名的省份卫视分别为黑龙江卫视、湖南卫视、浙江卫视、东方卫视、江苏

卫视，这些卫视在每个省的收视占比均在80%左右，意味着全国约80%的家庭都曾收看这些卫视。其国民度之广可见一斑。

表28　各卫视总收视比例TOP10

卫视	收视比例	卫视	收视比例
黑龙江卫视	77.80%	北京卫视	64.90%
湖南卫视	77.40%	广东卫视	57.07%
浙江卫视	74.34%	安徽卫视	56.84%
东方卫视	73.32%	辽宁卫视	56.22%
江苏卫视	70.91%	天津卫视	55.64%

五、短暂停留：国民度与平均收视时长的错位现象

对于大多数国民度高的卫视，收视终端数和收视平均时长的排名相似，说明其内容既能吸引观众，还能留住观众。然而，黑龙江卫视的收视情况较为独特，其覆盖终端数高于大多数地方卫视，有时甚至接近央视，但其收视平均时长的排名却远远弱于其国民度，相比其他地方卫视仅处于中游，“只看一会儿”似乎成了黑龙江卫视的独特标签。

究其原因，黑龙江卫视在排播资源时另辟蹊径，无限循环播放经典的抗战、刑侦剧，配合轻松热闹、贴近生活的电视购物广告，可以轻松吸引海量观众的驻足观看。虽然经典剧集的口碑已被时间验证，但重播的剧集缺乏新鲜感和追剧时的悬念感，观众容易因怀念经典而停留，却难以持续观看，短暂停留后随即跳转到其他卫视观看新节目。

六、独占鳌头：央视综合频道双料冠军

在对各省的收视行为进行统计中，可以看出，在央视的诸多频道里，央视综合频道毫无悬念地成为收视终端数比例及平均收视时长的双料冠

军。此外，央视3、4、5、6、8、13频道的收视时长高于其他频道，可知其受众更为广泛，观众对国内、国际新闻，综艺、体育、电影以及电视剧保持着较高关注。央视各个卫视的分工明确、定位清晰、内容优质，维持并强化着观众对央视频道的认可与信任。

表29　卫视收视比例及平均收视时长TOP15

卫视	收视比例	卫视	平均收视时长
CCTV-1综合	91.07%	CCTV-1综合	2424.40
黑龙江卫视	77.80%	CCTV-8电视剧	2207.32
湖南卫视	77.40%	CCTV-4中文国际（亚）	1985.68
浙江卫视	74.34%	CCTV-13新闻	1857.48
东方卫视	73.32%	CCTV-6电影	1750.49
CCTV-4中文国际（亚）	72.54%	CCTV-3综艺	1721.80
CCTV-13新闻	72.17%	湖南卫视	1577.19
江苏卫视	70.91%	CCTV-5体育	1320.04
CCTV-2财经	68.91%	浙江卫视	1269.00
CCTV-7军事农业	68.69%	江苏卫视	1222.27
北京卫视	64.90%	东方卫视	1022.65
CCTV-6电影	64.25%	北京卫视	898.00
CCTV-12社会与法	63.99%	CCTV-2财经	829.22
CCTV-10科教	63.98%	CCTV-14少儿	770.36
CCTV-14少儿	61.85%	CCTV-12社会与法	732.61

第六节　决胜战场，行动指南

内容战场经历了激烈的制作之战、平台之争，始于内容、终于内容。不同的内容共同竞争着用户稀缺的注意力。那么，对于媒体内容从业者来说，如何把握竞争战况、决胜战场，获取竞争优势？

一、细分受众，智能分析

媒体内容的真实受众掌握着内容播出效果的裁判权。因此，我们要有能力知道内容究竟是谁在看。其次，通过分析，我们发现用户收视偏好多样，出现明显的圈层分化。因此，我们不仅要知道是谁在看，也要知道收看的用户是哪些人、哪些类型、他们分别喜欢什么。另外，用户是动态变化的，需要及时地捕捉用户的动态。做好用户细分有助于更有针对性地提供内容、谋篇布局。要将传媒经验理论与数据、算法、智能技术相结合，在海量数据面前使用更为快速、高效的智能方法，丰富分析的广度与深度，弥补传统分析方法的局限。通过智能手段，对用户进行多维度的精准细分。

二、锚定对手，重拳出击

运用智能分析方法动态识别竞争对手。知己知彼，百战不殆。然而，复杂的竞争格局中，我们认为的竞争对手有时并非真正的或者最重要的竞争对手。竞争对手是谁并非由参与者自己决定，还受到长期市场博弈的影响。明确竞争对手从来不是一件容易的事情，不仅要同我们认为的对手竞争，还要足以应对那些潜在的竞争。竞争对手也并非一成不变，而是动态变化的，所有的竞争参与者都在不断调整自身的战略定位与竞争策略，这给我们识别竞争对手带来了一定的挑战。因此，我们要在更细的时间粒度上、更准确地动态识别竞争对手，掌握竞争对手的动向。在这个波诡云谲的时代，对于内容的竞争仅仅依靠理论和经验判断是不够的，不要妄想仅依靠过去的经验就可以看清战局，有时候甚至会带来错误的反向结论，误导决策、错失良机，应更加重视从真实数据的角度识别竞争对手，明确竞争态势。

三、明确定位，运筹帷幄

定位是指导全流程的顶层设计。对于内容制作方、平台方、播出方来说，找准定位意味着要确定自身的目标受众是谁、目标市场在哪里、要与哪些参与者竞争。根据定位来指导内容的生产、分发、营销、播出等环节。通过分析可以知道，内容竞争不再局限于同题材和同领域，跨界、跨题材、跨地域竞争随处可见。用户在快速迭代，竞争对手在动态变化，自身定位更不能一成不变。在这种情况下，找准自身定位是一个非常重要且困难的命题。因此，我们要明确自身定位，运用人工智能和大数据分析进行动态调整，时刻把握自己在市场中的角色与位置。本书使用的数据分析方法能够帮助各方参与者清晰地识别出现有受众和市场，并从内容相似度、受众相似度等方面识别真正的竞争对手。通过竞争现状与目标定位之间的对比，可以有针对性地进行战略与策略调整。用好这些数据资源能够为参与者带来强有力的竞争优势。

四、重视质量，夯实基础

目前，内容爆炸式增长，内容质量却良莠不齐。由竞争分析可以看出，在用户注意力激烈抢夺的当下，内容优质才是抓住受众的前提条件。对于内容制作方来说，首先要做的是保持责任感与使命感，坚守文化道德和文化价值，拒绝低俗、暴力和非法内容。此外，无论是大制作、大明星、大IP还是小成本、小制作，无论是“高大上”还是“接地气”，媒体内容都要兼顾经济效益与社会效益，追求专业精神，专注自主创新，谨慎对待“蹭热点”“蹭IP”“擦边球”“底线试探”等问题。同时，提高内容优质度，在尊重受众审美的基础上也要做适当引领和提升。对于平台方而言，内容是在战场中搭建城防与炮台的基石，优质内容是平台赢得内容之战的前提。因此，平台方要有鉴别内容质量的能力，坚守平台投放内容优质度的底线。

五、渠道内容、精准匹配

渠道泛化和内容暴增同时出现，对于内容制作方和渠道方而言，选择激增带来的改变喜忧参半。站在内容制作方的角度，一方面，渠道泛化降低了内容触达受众的难度，内容有了更多的曝光机会；另一方面，内容投放如果选错了渠道，与用户群体不匹配，收视效果、口碑评价会大打折扣。例如，同一部综艺在电视端可能收视一般，而在网络端异常火爆。对于渠道方而言，内容增加丰富了渠道的内容池，使之能满足更多用户的需求，但若渠道引进的内容与渠道本身的用户标签匹配度低，会降低渠道用户的体验，从而降低用户忠诚度。其实，渠道泛化的现象与渠道筛选的行动并不矛盾。渠道泛化凸显了内容的重要性，而渠道筛选则通过分析内容与渠道用户的特点进行内容和渠道间的优化匹配。只有在内容产品合适的用户圈层内形成良好口碑，才有提升话题度、突破圈层成为爆款的可能。而大数据技术和智能算法的使用，则进一步地提升了这种匹配的精确程度。要适应时代的需求，擅用数据与技术，精准匹配渠道与内容，凝聚有限的资源，释放出内容与渠道的最大能力。

想要在内容战场的激烈竞争中取胜，需要知己知彼、增强实力、稳中求胜，不可急功近利、迷失自我。在这个硝烟四起的内容战场中，依靠智能时代的先进技术之“器”，准确识别竞争对手，实时捕获竞争格局，全面发掘竞争优势方为制胜之法宝。

PART THREE

第三章

用户行为篇

第一节　用户收视多样性及其对收视率的影响

一、研究背景

智能大屏搭载智能操作系统，由第三方内容提供商通过互联网渠道向用户提供各种视频内容和应用服务。不同于过去的传统电视，智能大屏以接入互联网的方式，既保留了传统电视的直播功能，又可以通过互联网搜索点播观看视频内容，还可以像手机一样安装各类智能应用，实现人机交互。智能大屏的出现使得用户"换机潮"快速到来。自2014年以来，我国电视出货量逐年攀升，每年都有多于4000万台电视卖出，并走进千家万户。用户更换智能大屏不可逆转的趋势，促使各大电视机生产厂商纷纷入局，推出自己的智能大屏产品。互联网公司也纷纷与老牌电视厂商合作，生产自己品牌的电视。目前市场上提供的电视产品已经覆盖各个价位、各种尺寸、各项功能。从智能大屏终端激活数量来看，创维、海信、康佳、长虹、TCL等传统厂商占有较大份额，约达六成以上；从网络零售方面看，小米的零售量位居首位，其次是海信、康佳等品牌。

智能大屏内容资源的丰富性、观看的便利性和良好的收视体验，正在将越来越多的用户拉回客厅。数据显示，截至2019年第一季度，中国OTT激活量1.95亿台，覆盖人口5.06亿人，渗入到中国52%的家庭之中，一半以上用户每月开机20天、每天看3小时以上。在智能大屏的用户中，年轻化、高学历、高收入和高消费的特点非常明显。数据显示，智能大屏用户中15~34岁用户占总体用户数的42%，智能大屏已经成为年轻人继电脑、手机之后的主要娱乐阵地。拥有大学及以上学历用户占总用户数的32%，月收入6000元以上的占比达69%。在数字经济的背景下，受益于支付便利化、自身经济实力的提升以及版权意识与付费意识的增强，用户新消费观念正在形成，为知识付费的意愿更加强烈，2019年智能大屏会员规模增长至3745万人，涨幅达50%，会员收入达到41亿元，涨幅达24%。

相比传统电视，智能大屏弱化了视频播放工具的概念，强化了为用户提供多种服务的理念。智能大屏集内容、服务和商业模式为一体，在不同的时间、不同的场景将不同的服务推荐给不同的人，这不仅是用户服务理念的升级，也是产品、技术、运营等生态系统持续发展的结果。5G、AI等新技术的出现，更使得智能大屏逐渐成为家庭智能控制中心。智能大屏不仅承载了家庭视频业务，还能实现万物互联，促进场景创新。

二、研究内容

智能大屏的出现，无论对于平台方、广告主还是内容提供商来说，都意味着新的机会。智能大屏提供了新的记录用户收视行为的手段，通过分析用户收视行为中存在的现象和规律，平台方可以更加了解用户，提高内容推送的精准度，进而为用户提供更好的服务来获得利益增长；广告主可以建立更精细的用户画像，挖掘用户潜在需求，实现精准营销，流量变现；内容提供商可以迅速获得用户对于内容的反馈，完善内容的生产创作和节目排播等。

为了更好地洞察智能大屏用户的收视行为，我们与勾正数据合作，获得了2018年7月1日~2019年6月30日在其OTT平台上的部分视频观看日志。数据总共记录了10万用户约1.7亿条直播观看记录。我们发现，用户在智能大屏上表现出明显的收视多样性，这种多样性主要体现在时间模式和视频类别两个方面。在此基础上，我们进一步研究了收视多样性与收视率的关系，发现并不是每种多样性行为都会促进收视率的提升。虽然用户在时间模式上的多样性能够增加收视率，但出乎意料的是，用户观看更多的视频类别反而会降低收视率。

三、研究意义

我们研究了智能大屏用户收视多样性及其对收视率的影响，具有一定的研究意义。

第一，有利于精准把握用户收视规律。智能大屏全面准确的数据记录为全方位、多层次了解用户提供了事实基础和数据依据。通过大数据样本，对用户收视数据进行处理，分析挖掘用户收视习惯，具体包括：通过基于时间因素对收视行为进行分析，找出用户的收视模式，了解用户喜欢在什么时段观看电视；对比假期与工作日用户观看的变化，了解假日效应对用户收视行为的影响；通过分析地域因素对家庭收视模式的影响，了解相似收视模式的地域分布；通过基于视频类别因素对收视行为进行分析，了解用户对不同视频类别的喜好程度；分析每个小时不同类别视频的占比，了解用户在不同时间喜好的视频类别；分析不同类别视频的首播效应，了解用户对不同类别视频的首播需求。

第二，有利于实现个性化内容推荐。快速推送符合用户喜好的视频内容是增加用户黏性的关键点。根据我们的研究成果，考虑到用户收视多样性的时间变化，智能大屏平台需要结合用户的浏览行为，在一天中的特定时间为用户提供更加精准的内容推荐；考虑到用户寻求视频类别的多样性，平台在内容推荐时需要为用户匹配各个时间段内最大播放量的类别视频，提升用户的收视体验。以视频首播为例，用户对不同类别视频的首播要求是不同的，所以平台在对用户进行内容推荐时要充分考虑不同类别视频的首播模式。用户对电影有很强的首播情节，对用户进行电影推荐时要着重推荐用户没有观看过的电影；体育类节目属于早间首播模式，如果用户早上时间进行搜索，平台应大力推荐最新的体育赛事；综艺类、电视剧类节目属于晚间首播模式，在晚上对用户推荐时要提供最新的节目，在平常时间推荐内容可以加大用户已观看节目的占比。

第三，有利于调整平台内容排播。智能大屏基于自身的品牌定位，确定目标用户，对目标用户收视多样性进行考量，并借助实时收视系统得到目标用户的实时收视率，通过实时分析收视多样性对收视率的影响，及时做出反应并调整平台的内容排播策略。我们关于收视多样性对收视率影响的结论，表明用户观看较多的视频类别，会在一定程度上降低收视率，这意味着平台在进行内容排播时，减少视频类别间的频繁切换，可以提高用户的收视率，延长用户的收视时长，增加用户黏性。

第二节　文献综述

本章重点关注智能大屏、用户收视行为以及行为多样性方面的研究，通过梳理前人的研究成果，确定研究的起点和方法，为研究提供扎实的理论基础。

一、智能大屏研究

智能大屏对电视产业产生了深远的影响。第一，内容产业主导地位凸显。电视终端产业和内容产业加速融合，内容产业开始作为电视产业链的核心一环，整合、完善电视产业链。第二，多点盈利模式形成。传统家电厂商、互联网公司、网络运营商、内容提供商等都依托自身优势，纷纷布局智能大屏产业，形成整个产业的共生共赢。第三，互联网思维融入智能大屏。企业把用户为本的互联网思维融入电视产业，更加重视用户使用产品的感受，不断提升用户使用体验，完善产品。

围绕智能大屏，目前出现了两种典型的产业发展模式：一是谷歌模式。谷歌公司以其开放共赢的理念与模式，凭借安卓系统的技术优势，吸引传统电视制造商参与合作，推出安卓TV。谷歌已经和包括索尼、夏普在内的大量电视厂商合作，将安卓TV安装在智能大屏上。二是三星模式。三星公司独立开发系统，与其他企业在战略上开展合作，建立自己的电视应用商店，为用户提供丰富的内容和应用，不断提升自身在智能大屏产业的竞争力。

在传统电视最关心的收视率上，智能大屏也带来了很大的改变。智能大屏实现了实时收视测量技术，能够有效提升收视率的精确度：第一，采用图像识别技术，实时采集观看频道。第二，建立固定数量的大样本，消除“数据孤岛”偏差。第三，建立家庭到人的收视概率模型，将终端数据真正转化成个人数据。第四，记录用户多种多样的收视行为，包括内容喜好，观看过程中的拖拉、跳跃等。

智能大屏未来的发展方向包括完善人机交互实现内生性增长和全场景

布局实现外延式扩张两个方面。智能大屏的人机交互呈现出“社交化”和“智能化”的特征。人机交互的“社交化”主要体现在三个方面：一是用户与朋友、家人之间的视频交流；二是用户基于智能大屏平台针对特定节目进行内容的交流、分享；三是整合社交媒体资源，为用户开展社交活动提供保障。以海信社交电视为例，海信电视配备6路视频通话，满足用户多人同时视频的需求，同时用户在观看节目时还可以与朋友视频通话，一边讨论一边追剧。海信电视还推出多人跨屏K歌、引入微博大V、上线云游戏平台等，为用户提供多种社交方式。人机交互的“智能化”则体现在智能大屏提供服务过程中对用户需求进行深度识别，并通过人机交互的方式给用户以更完善的体验。

智能大屏全场景布局致力于打造智慧家庭总开关，建立一个集影音娱乐中心、智慧交互中心、多服务供给中心和跨屏体验中心为一体的智慧平台。以华为智能大屏为例，华为智能大屏通过语音识别技术，不仅可以为用户提供基础的影音服务，还不断更新平台生态，提供集健身、学习等多种服务。随着网络技术的发展，智能大屏将会与移动终端以及家电微屏终端等实现互联互通，真正实现智慧连接，为人们的生活提供极大便利。

二、用户收视行为研究

用户的收视行为包括开关机时间、观看时间、视频节目的选择、渠道的选择以及平台之间、视频节目之间的跳转行为等。用户收视行为之所以变化，是因为不同用户有不同的需求，这表现在：第一，情感需求。用户通过收看视频节目，置身其中，引发情感共鸣，满足情感需求；第二，信息需求，用户通过收看视频节目获得所需信息，包括了解实时新闻、获得所需知识等；第三，无意识的需要，即改变用户的唤起水平，以避免处于低唤起或高唤起状态，用户收视行为并没有明确的指向性，只是把看电视作为一种习惯性行为。

用户的收视行为会受到多种因素的影响。

一是媒体因素，包括节目质量、明星效应、播放渠道、播出时间等。节目质量是影响用户收视行为的重要因素，优质的节目可以满足用户知识和娱乐的需求，提高用户黏性。《2019腾讯视频年度指数报告》提到，优质节目可以全程保持85%以上的用户留存率。明星效应借助明星或节目品牌的影响力，吸引用户观看节目，提高节目的播放量。节目的播放渠道也会影响用户的收视行为。在传统模式下，电视台对内容有优先播放权，之后是视频网站跟播，电视台是视频网站的内容提供者。随着用户移动收视习惯的形成以及视频网站内容质量的逐渐提升，大量用户选择通过视频网站观看，"先网后台"开始成为影视产业新的尝试，新的网台关系正在形成。播出时间也会影响用户的收视行为。时间从长期看表现为季节，短期来看表现为时段。傍晚时段电视用户收视行为呈现出季节性差异：天气暖和的时候用户收视总量降低，天气寒冷的时候用户收视总量提高。

二是用户因素。在选择视频节目时，用户会受到性别、年龄、地域等多种因素的影响。性别会影响用户的收视行为，比如体育节目的男性用户要远多于女性。年龄会影响用户的收视行为。相比年轻用户，老年用户更关心新闻信息，媒介在老年用户心目中拥有更高的信任度，主持人及品牌对老年用户影响力很大，固定的播出时间对老年用户更加重要。地域也会影响用户的收视行为，比如北京、天津的用户喜欢观看相声类节目，而南方用户则喜欢相亲类节目。

三是社会效用。社会效用可以分为流行效应和逆反效应。流行效应指用户在选择商品时，其他用户的积极购买态度会增强用户的购买决心。逆反效应指用户因为拥有和其他用户同样的产品导致效用递减，所以不选择与他人持有同样产品。社会效应根据参照群体可以分为宏观社会效应和微观社会效应。宏观社会效应指社会文化、口碑等对用户收视的影响。比如《甄嬛传》海外发行遇冷就体现了文化差异对用户收视的影响。Godes和Mayzlin研究了口碑传播的测量方法，并讨论了口碑传播与电视节目收视行为之间的关系。口碑可以改变用户观影行为，优质节目通过社会讨论引发滚雪球效应，许多用户都是被营销后进行搜索观看的；对于那些口碑不好的节目，用户可能根据社会对节目的舆论而放弃观看。微观社会效应指与用户有直接关系的人（如家人或朋友）对用户收视的影响。Fletcher研究发现，青少年每周看电视的小时数与同龄人每周看电视的小时数有关。用户的收视行为会因家人或朋友的活动而终止，朋友间的口碑效应也会促成用户新的观看行为。青少年亲密同伴之间在节目偏好上的一致性会随着时间推移而增加。与用户单独观看相比，社交观看存在较低的切换量。

四是状态依赖。在一定时期内，用户通常会对观看某些节目做出多种决定，在这种情况下，用户的决定取决于他们过去的经验，被称为“状态依赖”。Rust和Alpert构建了一个基于效用的状态依赖观看模型，表明即使在节目结束后，用户也很少改变频道。Yang将微观社会效应和状态依赖同时引入模型，分析了家庭背景下的用户收视行为，提出了一个自回归随机效应模型来研究夫妻在电视观看方面的相互关系，发现妻子对丈夫观影行为的依赖性比丈夫对妻子观影行为的依赖性更强。Mora、Ho和Krider研究了在墨西哥，丈夫、妻子和孩子之间的电视共享对收视时间和频道浏览的影响，结果表明共同观看会导致收视时间的增加和频道浏览的减少。Kinjo和Ebina在模型中引入了宏观社会效应和状态依赖，估计了宏观社会效应和状态依赖对个人收视行为的影响，发现宏观社会效应对观看者总数有较强的总体影响，而状态依赖对观看者总数有轻微的正向影响；此外男性观众与女性观众相比，表现出更低的收视率和更高的状态依赖；观众年龄越大，状态依赖的影响就越大。

三、行为多样性研究

行为多样性是指用户在选择服务或商品时寻求多样性的倾向。影响多样性行为的因素可以分为三类：

第一类因素为内在动机，即用户因为自身内在个人动机从而寻求多样性的行为。用户个体自身内在动机就其主要功能来说，表现为赢得社会认同的交际功能、显示个人价值的自我实现功能、纳入一定社会关系的归属感功能以及展现审美情趣的时尚感功能等。

从内在动机看来，用户追求多样性是为了心理上的满足与刺激。Coombs和Avrunin引用生理学证据，表明一旦用户达到某个属性的最佳水平，就会感到满足，并可能选择在下一次消费不同的属性。同样在购买行为中，研究人员提出，用户之所以追求多样性是因为再次购买时用户边际效用递减，因此在最近选择同一品牌后，再次选择该品牌的可能性就会变小。用户为了享受多样性带来的乐趣、刺激，即便对当前的选择感到满意，仍然会做出新的尝试，如购买其他产品或不同的产品组合，或者与关系伙伴选择不同的活动等。通过改变用户的情绪状态可以改变用户的满足程度，进而改变用户的多样性行为。Kahn和Isen认为，在用户的品牌选择任务中，诱导积极的影响可以加深用户对品牌的理解，加大对品牌之间的认知差异，并激励用户在其品牌选择模式中寻求额外的刺激。消费的频率或强度以及消费方式也会影响用户获得满足感的速度。用户参与消费的频率和强度越高，获得满足感的速度就越快。

第二类因素是外部环境，用户寻求多样性是由于外部约束，而不是由于对多样性的直接、内在派生的需求。如果外部环境发生变化，用户出于对这些变化的反应，也会表现出多样性行为。用户的反应可能因时间、季节性、假期、是否有其他人或因其他产品而有所不同。例如，用户在使用旅游服务时的行为有所不同，这可能取决于其是出差还是休假。在家庭层面上，为了满足家庭成员不同的需求，也可能会出现多样性行为。Menon和Kahn发现，如果零售商纳入随时间变化的因素，使零售环境更具刺激性，那么用户在选择产品时表现出的多样性将低于零售环境随时间而静止的情况。Mitchell、Kahn和Knasko的研究表明，向零售环境中注入气味会影响选择行为和品种需求。Levav和Zhu认为，相对有限的空间将导致更大的多样性寻求，拥挤程度和商店购买商品多样性之间存在正相关。这些研究均着眼于外部环境变化对行为多样性的影响。

第三类因素为未来偏好不确定性。用户会在不确定的条件下寻求多样性，他们会通过一个投资组合作为对冲未来不确定性的手段。研究发现用户对未来变化感到不确定时，会倾向于购买多种产品来分散风险。例如，当用户为他人做出购买决策时，由于对他人的产品偏好不确定，他们会表现出更多的多样性行为以降低风险。

第三节　研究方法

一、数据样本

我们与勾正数据合作，获得了2018年7月1日~2019年6月30日在其智能大屏OTT平台上的部分视频观看日志。数据总计记录了10万名用户176756273条直播观看记录。用户地域分布在全国各省，如图23所示，样本覆盖地域全面，具有代表性。

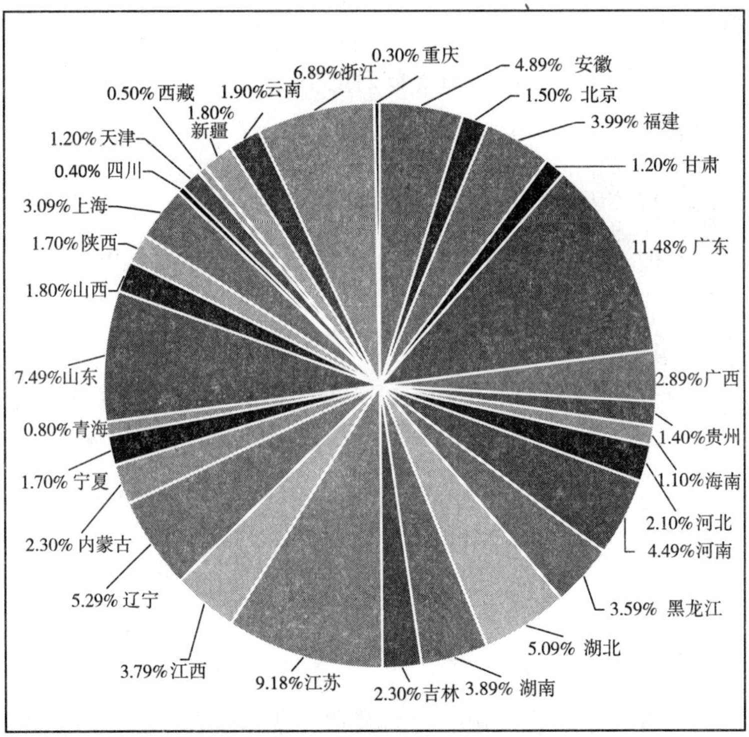

图23　样本区域分布

直播观看记录中包含大屏唯一的设备标识码、省份、城市、视频名称、分类以及用户开始进入视频时间、用户结束视频时间、时长、日期等字段。此外，视频被分为11个类别：电视剧、电影、科教、少儿、体育、综合（综合主要包括新闻民生类节目）、综艺、财经、娱乐、生活和Null。

二、数据预处理

每个视频观看记录r由6个维度组成：$I_{\mathrm{r}},D_r,V_r,S_r,E_r,C_r$。$I_{\mathrm{r}}$表示记录发生的设备标识码，$D_r$表示记录发生的日期，$V_r$表示正在播放的视频名称，$S_r$表示视频开始播放的时间，$E_r$表示视频停止播放的时间，$C_r$表示视频$V_r$所属的类别。如果一个视频观看记录跨越两小时（例，用户观看行为：在9:30分开始播放视频，10:10分离开视频），我们将其分为两条记录。视频分类存在为空的情况，在统计数据时，统一将类别设置为其他；数据财经类、娱乐类、生活类由于数据量小，统一将类别设为其他。设r为所有视频观看记录的集合。

为了挖掘智能大屏用户视频观看行为的时间模式，我们首先测量一个家庭每天每小时在智能大屏上观看视频的时间量，从家庭第一次使用视频服务之日起，每天生成一个数据点，而不是在所有时间内平均生成一个数据点。对于每对(i,d)，$\mathrm{R}^{(\mathrm{i},d)}=\{r\in R|i_r=i\wedge d_r=d\}$表示家庭i在d日的视频观看记录的子集。然后，家庭i在d日的每小时观看视频所花费的时间可以总结为24维数据点，即$\mathrm{x}^{(i,d)}\in[0,1]^{24}$；如果家庭i在d日没有使用视频服务，则$\mathrm{x}^{(i,d)}=0$。

三、用户筛选

为挖掘分析用户观看视频的时间模式，选择适合于检测时间模式的家庭至关重要。用于分析视频观看行为的典型每日和每周模式的家庭，需要有长时间的观看行为，并为了进一步分析假日效应，特别是长假（即4周寒假），所选用户观看行为需要有较长的时间跨度。

首先，对于每个家庭i，我们确定日期DF和DL，即家庭i在2018年7月1日至2019年6月30日期间，首次使用直播视频服务的日期和最后一次使用直播视频服务的日期。因为我们的一项分析涉及长假，所以只保留了家庭之间的时间间隔，即DF和DL之间的间隔要覆盖整个寒假（从2019年1月28日到2019年2月24日），符合条件的有99835户家庭，占比大约99.8%。

其次，我们希望选择那些早期采用直播视频服务并且没有过早放弃的家庭。如果时间跨度太短，那么一个家庭每周的行为量是有限的，这不足以检测每周的模式。因此，我们选择那些跨度超过90天（即至少13周）的家庭。99835户家庭中满足条件有94180户，大约94.3%。但是，家庭i从DF到DL的日期范围内的某些天内可能不会观看任何视频。图24显示了样本的时间跨度（即日期DF到DL的天数）。

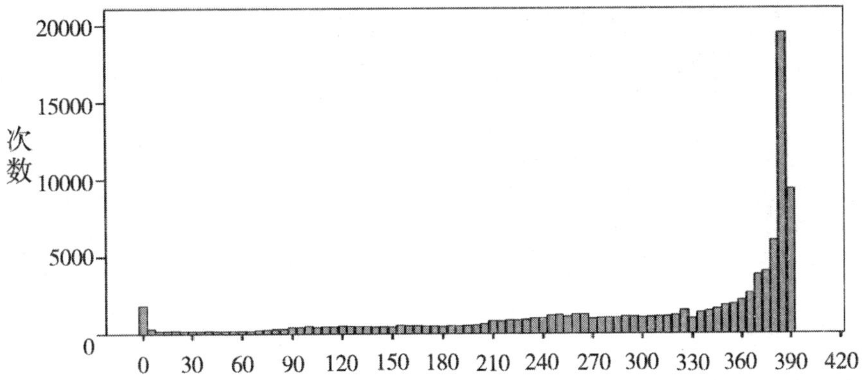

图24　样本时间跨度

最后，我们要选择那些经常使用视频服务的家庭。如果一个家庭在其活动范围内有一些非活动日，则该家庭可能不适合检测典型的每日和每周模式。对于每个家庭i，我们计算的是家庭i在观看至少一个视频的天数与DF到DL之间的总天数的比率。样本的收视比率如图25所示。我们只保留那些比率大于0.7的家庭，在30%天内不使用视频服务，94180户家庭中满足条件的有18807户，大约19.9%。更高的比例并不意味着大量用户一天内花很多时间观看视频，而表明普通用户在大多数日子里至少会观看一段视频。为了避免对大用户的潜在偏见，我们进一步删除了那些在30%的时间内花费超过6小时观看视频的家庭，最终筛选出15191户。在我们的分析中，选取了15191名智能大屏视频服务的早期使用者和经常使用者，将他们的每日数据点收集在一个集合 $\chi=\{x^{(i,d)}\}$ 中，X中的每日数据点总数为4408584。

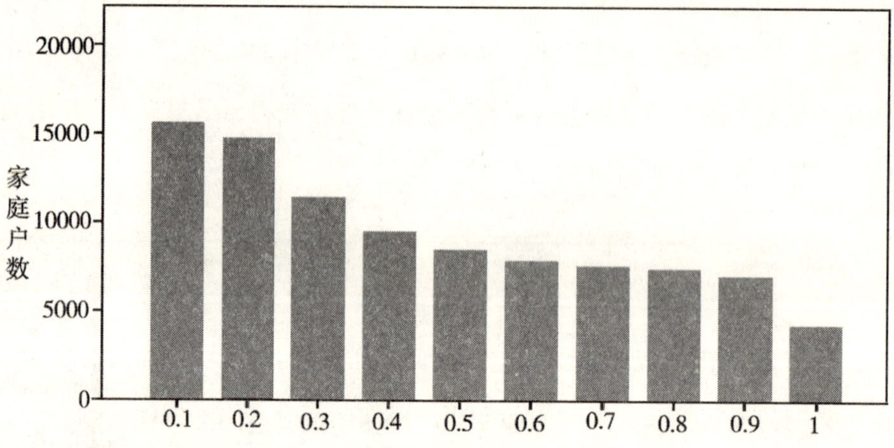

图25 样本收视比率

四、分析指标

假设在人群中存在一些时间模式是合理的。一个原因是，不同用户有不同的观看行为习惯，即不同的人习惯于在一天中的不同时段看电视。用户角色不同，承担的职责不同。大多数用户只有在家里有空并且愿意的时候，才能在智能大屏上观看视频。白天工作的人只能在下班后收看视频（例如晚上或深夜）；学生必须白天上学，只能在放学后观看视频（例如傍晚或晚上）；经常在家的人，如老人、失业者、全职母亲和学龄前儿童，会选择在早晨或慵散的下午看电视。其次，用户不同的昼夜节律也会影响观看视频的行为。例如，用户如果是早起型，可能会在早上看视频；反之，如果是“夜猫子”型，就有可能在晚上观看视频。此外，用户基于不同的人口统计通常喜欢不同类别的视频。例如按年龄统计，儿童更倾向于选择动画和儿童节目，而成年人则倾向于看电影、电视剧和综艺节目。

另一个原因是，不同家庭的构成也不相同：他们可能由上述一种、两种或三种人组成。考虑到他们的不同特点，一个家庭的收视习惯会因家庭结构的不同而不同。例如，如果一个家庭是由一对年轻夫妇组成的，他们都有日常工作，那么在工作日的白天就不太可能观察到任何视频的观看记录。如果一个家庭含有经常在家里自由活动的人，那么就会有相当多的白天视频观看记录。首先确定智能大屏上视频观看行为的典型日模式。其次，试图得出不同类型的时间习惯，可以表征家庭之间的差异。再次，提出典型的每周模式。最后，探究用户行为的假日效应。

日志文件中的每个视频都被分配到一个类别。这使我们能够分析不同视频类别的流行性及其随时间的变化，探究用户对不同类别视频的喜好，以及用户对不同类别视频的时间分布。

五、分析算法

我们采用聚类技术来检测智能大屏视频观看行为的典型时间模式，因为它本质上是一个无监督的任务。聚类的目的是将一组数据点自动分组成几个有意义的簇，使簇中的数据点彼此相似，但与其他簇中的数据点不同。K-Means是应用最广泛的聚类算法之一，它将数据点集划分为k个不相交的集群，每个聚类可以用其质心l来描述，质心l是聚类中数据点的平均值，每个簇至少包含一个对象，每个对象属于且仅属于一个簇。因此，质心可以被认为是群集中数据点的代表。我们把它当作一个典型的模式。通过最小化每个数据点与其所属簇的质心之间的平方欧氏距离之和，每个数据点 $x^{(i,d)} \in \chi$ 被分配给其质心最靠近它的簇。生成新的变量 $\{z^{(i,d)}\}$，用来表示各数据点的分类情况，即 $z^{(i,d)} = k \Rightarrow x^{(i,d)} \in C_k$。算法1显示了K-Means如何优化上述目标函数，其中收敛条件意味着群集赋值是稳定的或达到最大迭代次数。

算法1：K-Means算法
输入：数据集 $\chi = \{x^{(i,d)}\}$，类别数目K
输出：每个数据点属于哪个簇 $\{z^{(i,d)}\}$，簇的质心 $\{\mu_k\}$
1. 对于给定的类别数目K，首先给出初始划分，随机选定K个质心； 2. 对于每个数据点 $x^{(i,d)} \in \chi$，计算数据点与K个质心之间的平方欧氏距离之和，取最小值，输出 $\{z^{(i,d)}\}$； 3. 数据点迭代完成，重新计算质心 $\{\mu_k\}$； 4. 重复计算第2步，直到 $\{z^{(i,d)}\}$ 不再发生变化。
基本思想：对于给定的类别数目K，首先给出初始划分，通过迭代改变样本和簇的隶属关系，使得每一次改进之后的划分方案都比前一次好。

$$J = \sum_{k=1}^{K} \sum \left\| x^{(i,d)} - \mu_k \right\|^2 = \sum_{x^{(i,d)} \in \chi} \sum_{k=1}^{K} 1\left[z^{(i,d)} = k\right] \left\| x^{(i,d)} - \mu_k \right\|^2 \qquad \text{公式（3）}$$

给定一组数据点，在应用任何聚类算法之前，我们需要评估数据是否具有聚类趋势。尽管在任何情况下，聚类算法都可以将数据划分为多个组，但将非结构化数据强制分为多个组可能会导致对底层数据组织的错误结论。hopkins统计量是一种简单直观的聚类趋势度量方法，它将真实数据集与均匀分布在同一数据空间中的一组人工数据点进行比较。如果数据集排列在紧密的簇中，那么实际数据点到其最近的实际数据点的距离平均要比人工数据点到其最近的实际数据点的距离低得多，因此hopkins统计量将远远大于0.5。然而，如果数据集不比均匀分布的人工数据点聚类，则该值将大约为0.5。我们用$[0,1]^{24}$空间中不同样本的人工数据点计算了10次霍普金斯统计，平均值为0.8955，标准偏差为0.0012。因此，我们的数据集具有明显的聚类趋势。

第四节　研究发现

一、数据总体分析

整理用户每个小时观看视频的时长如图26所示，总体看出用户总的观看时长跟日常的生活习惯高度相关，凌晨1:00~6:00为睡眠时间，这段时间只有很少的播放量；从早上7:00开始，用户观看行为逐渐增多；中午11:00~14:00形成第一个播放高峰，随后播放行为稍有下降；17:00~22:00形成第二个高峰，随后播放行为大幅下滑。观看时长和观看次数高度相关，两者的图形波动相似。

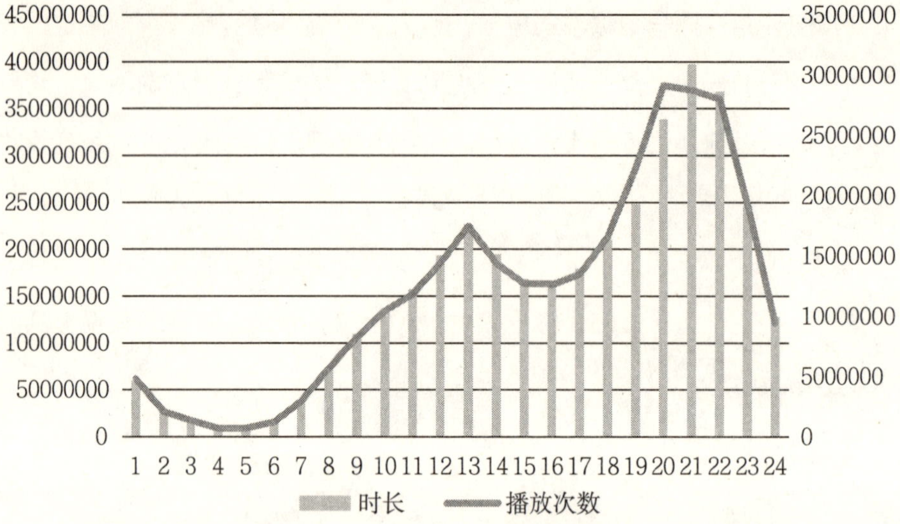

图26 总体用户观看时长和观看次数统计

各分类视频播放量，如图27所示，可以看出各类别播放量差距很大，排名前三的分别为：电视剧、综合、综艺，占据了约70%的播放量，可见用户在观看直播视频时，对类别选择有倾向性。

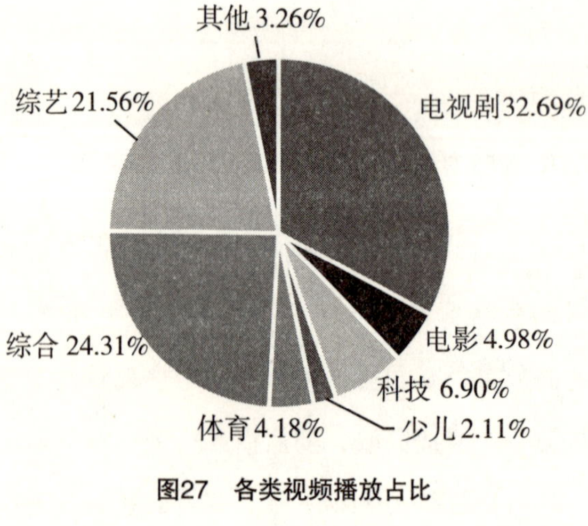

图27 各类视频播放占比

二、用户典型日模式

给定一组每日数据点集 $\chi=\{x^{(i,d)}\}$，其中 $x^{(i,d)}\in[0,1]^{24}$ 表示家庭i在一天24小时内在智能大屏上观看视频所花费时间的变化，通过对每日数据点的聚类分析，挖掘典型的日模式。

我们采用K-Means算法对每日数据点集进行聚类，并将每个聚类中心视为典型的每日模式。由于K-Means算法需要输入簇的个数，首先需要确定数据中存在的聚类数。由于集群定义中固有的模糊性，很难确定哪个值会导致更有意义的集群。在一定程度上聚类数的确定，需要专业的领域知识和丰富的实践经验，还需满足用户需求和应用需求。一种常用的方法是尝试不同的数字，并检查畸变曲线目标值相对于簇数的变化，进而确定聚类个数。我们在[2,32]范围内尝试了不同的k值，然后从可辨别性和可解释性的角度分析了聚类后得到的日模式。最后，我们决定将k设置为8，它位于失真曲线的肘部附近。

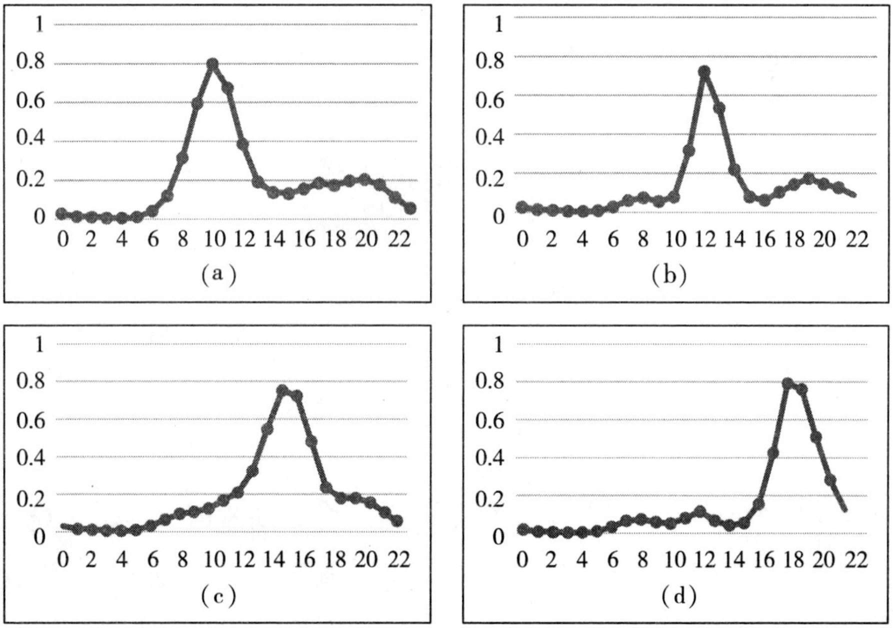

(a)　(b)　(c)　(d)

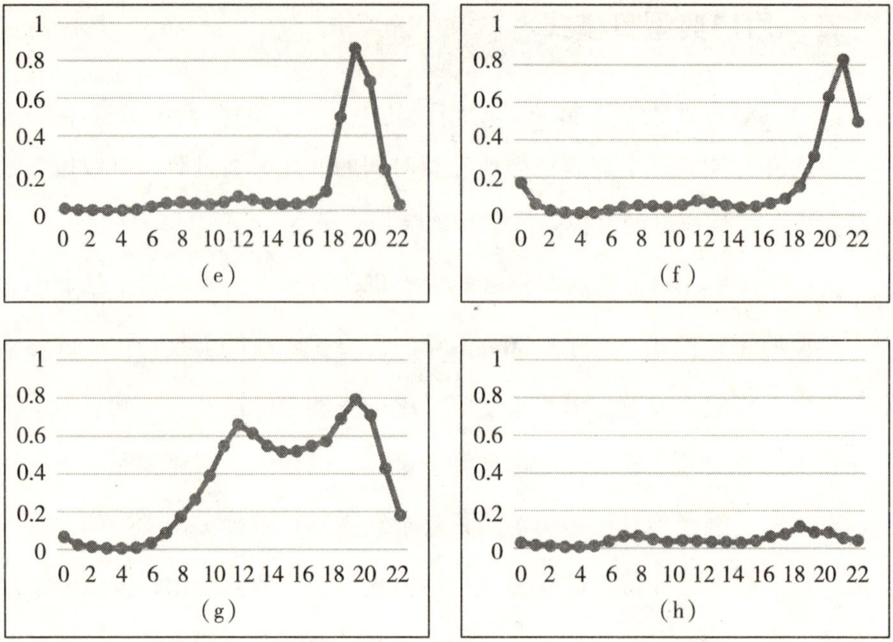

注：模式（a）：上午模式；模式（b）：中午模式；模式（c）：下午模式；模式（d）：傍晚模式；模式（e）：黄金模式Ⅰ；模式（f）：黄金模式Ⅱ；模式（g）：冲浪模式；模式（h）：潜水模式

图28　收视日模式

显然，图28所描绘的日模式是可以辨别的。除图28g、图28h外，大多数模式都有一个峰值，但峰值出现在一天的不同时段。一个共同点是，从凌晨2:00~6:00，它们都保持在接近零的低值，因为大多数人在这段时间都在睡觉。媒体时段分布很常见，我国的媒体时段分布如表30所示。这些日模式很容易通过时段来解释，不同日模式的峰值时间与某些时段很吻合。为了更好地解释用户收视的日模式，将模式根据其峰值时间位于时段命名。通过观察，模式（a）用户观看时间主要分布在9:00~11:00，根据媒体时段分布，命名为“上午模式”；模式（b）用户观看时间主要分布在11:00 ~13:00，根据媒体时段分布，命名为“中午模式”；模式（c）用户观看时间主要分布在14:00~16:00，根据媒体时段分布，命名为

“下午模式”；模式（d）用户观看时间主要分布在18:00~19:00，根据媒体时段分布，命名为“傍晚模式”；模式（e）用户观看时间主要分布在19:00~21:00，根据媒体时段分布，命名为“黄金模式Ⅰ”；模式（f）用户观看时间主要分布在21:00~23:00，根据媒体时段分布，命名为“黄金模式Ⅱ”；模式（g）用户观看时间主要分布在8:00~24:00，用户观看行为有两个峰值，分别在12:00和20:00，用户观看电视时长跨度大，基本除睡觉时间用户均有观看行为，是大屏平台的活跃用户，命名为“冲浪模式”；模式（h）用户整天基本无任何电视观看行为，是不活跃用户行为，命名为“潜水模式”。八种日模式命名如表31所示。

表30　媒体时段分布

时段名称	时间间隔
上午时段	6:00 ~11:00
中午时段	11:00 ~13:00
下午时段	13:00 ~16:00
傍晚时段	16:00 ~19:00
黄金时段	19:00 ~21:00
夜间时段	21:00 ~1:00
深夜时段	1:00 ~6:00

表31　收视日模式命名

模式	名称
模式（a）	上午模式
模式（b）	中午模式
模式（c）	下午模式
模式（d）	傍晚模式

续表

模式	名称
模式（e）	黄金模式Ⅰ
模式（f）	黄金模式Ⅱ
模式（g）	冲浪模式
模式（h）	潜水模式

虽然不同用户在个体层面观看行为模式是有差异的，但对大体量用户群体来说会存在一些相似的行为模式。从算法上讲，一个簇的质心是属于它的数据点的平均值，每个数据点都被分配给其质心最接近它的簇。因此，在同一个集群中，数据点之间的细微差异是平均的，而共性是突出的。在实际生活中，用户在一定程度上行为受自身客观条件的制约，无论是地域、职业还是用户自身的喜好等原因都有可能影响用户的行为习惯，这些习惯会影响用户在不同时间段看电视。而大部分用户受客观条件所限，都有一个固定但不同的日常生活，用户有规律的行为方式加上大体量用户就能找出用户的行为模式。

三、家庭时间习惯

（一）家庭时间习惯类型

每台智能大屏收集的观看行为数据，都是由唯一的大屏设备标识码所确定，而家庭是数据搜集的最小单位。不同家庭有不同的人口组成，家庭内不同人口有不同的观看行为，因此同一家庭可能有不同的观看模式行为。不同家庭人口情况组成复杂，对八类日模式的遵循情况各有不同，通过对不同家庭八类模式遵循情况的统计分析，区分不同的家庭时间习惯类型。

设$\chi^{(s)}=\{x^{(i,\ d)}\in\chi|i=s\}$表示涉及家庭s的每日数据点的子集。$\chi^{(s)}$中的

每个数据点被分配到k个簇中的一个，但它们可能属于不同的簇。家庭s在不同的日期里的行为可能分属于不同的日模式。新建变量$\theta_k^{(s)}$，代表$\chi^{(s)}$属于μ_k的可能性，公式如（4）。

$$\theta_k^{(s)} = \frac{|\chi^{(s)} \cap C_k|}{|\chi^{(s)}|} = \frac{1}{|\chi^{(s)}|} \sum_{x^{(s,d)} \in \chi^{(s)}} 1\left[z^{(s,d)} = k\right] \qquad \text{公式（4）}$$

$\theta^{(s)}$是K维向量，表示家庭s每日数据子集分属八种不同模式的可能性。将所有家庭k维向量$\theta^{(s)}$排列成矩阵，对矩阵进行归一化、标准化操作，应用聚类算法，可以得到家庭的聚类。我们在[2,6]范围内尝试了不同的数值，然后从可辨别性和可解释性的角度分析了聚类后得到的家庭时间习惯的类型。最后，我们决定将k设置为4，它位于失真曲线的肘部附近，得到4种不同的家庭时间观看习惯，如图29所示：

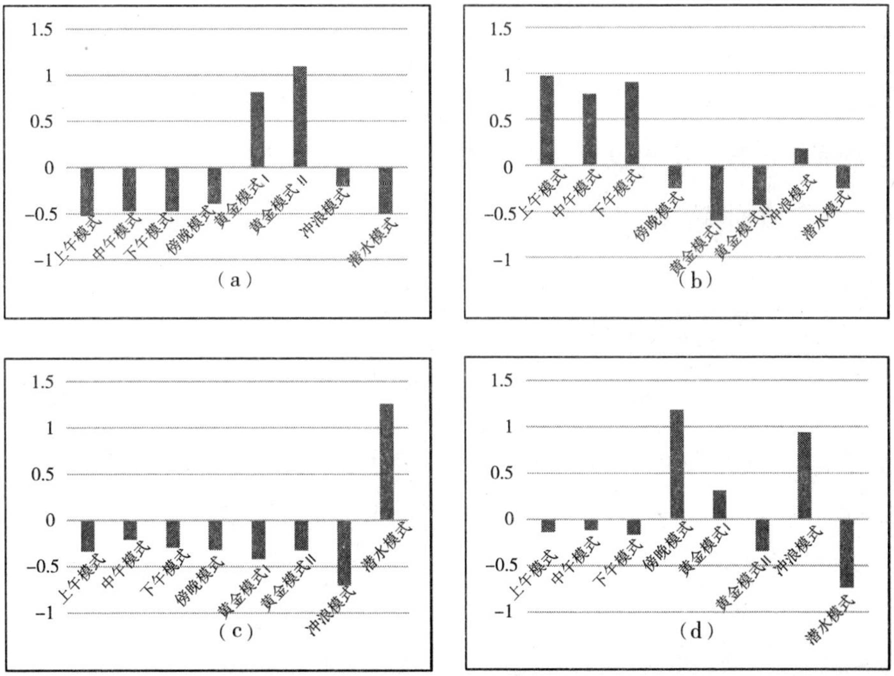

图29 家庭时间观看习惯

因此，我们可以大致区分不同家庭的观看时间习惯如下：与平均水平相比，有些家庭可能更喜欢在晚上黄金时间段观看电视（图29a），包括黄金时段Ⅰ和黄金时段Ⅱ，符合我们传统对电视时段的预期，即一天中用户最多播放量的时段是晚上7:00~11:00；有些家庭更喜欢在白天时间段观看电视（图29b），包括上午、中午、下午；有些家庭几乎没有任何的直播视频观看行为（图29c）；有些家庭喜欢傍晚时段或全天候观看电视（图29d）。

（二）家庭时间习惯的地域分布

城市是集合的概念，不仅指代城市地理位置、著名的山川名胜所在地，还包括城市发展过程中不断生成、吸纳、融合而成的地区文化。文化以其潜移默化的特点，持续长期影响人的行为。文化通过影响人的思想层面，借助地区风俗、文化活动等方式影响人的行为，在文化实践活动的过程中，又加深人对文化的理解与认同。每个城市其发展过程都千差万别，伴随而生的城市文化也呈现出千城千面的景象。不同的文化伴随人的流动，文化之间就有碰撞与交融，所以文化在区域范围有相似性。本文以省份为单位，探究不同省份观看时间习惯的分布。

新设省份集合$\{P_i\}$，统计省份条件下，不同家庭观看习惯分布情况。新增向量ω_k^i（公式5所示），表示在省份i的条件下，位于省份i的用户观看电视时间习惯的分布，对ω_k^i进行转置，并进行标准化操作，根据各个省份不同时间习惯分布，分析省份突出的时间习惯特征，整合成家庭观看时间习惯的地域分布表（表32）：

$$\omega_k^{(i)} = \frac{|\theta_k^{(s)} \cap P_i|}{|\theta^{(s)} \cap P_i|} = \frac{1}{|\theta^{(s)} \cap P_i|}\sum_{\theta^{(s)}} 1\left[z^{(s)} = k\right] \qquad 公式（5）$$

从表32中看出：第一，区域间的收视时间习惯有相似性。无论时间习惯（1）中的青海—西藏—新疆—甘肃的西部地区，还是时间习惯（2）中的江浙地区、四川重庆一带等都表明相邻省份，特别是文化相似的地区有更相似的时间观看习惯。第二，与平均水平相比，大体上偏北、偏西方向的省份习惯在晚上黄金时段观看直播视频，偏南的省份习惯在白天的时间看电视。例如，时间习惯（1）中大部分省份都是北方省份，少数南方省份也是偏西南方向，都习惯于晚上看电视；而与之相对，时间习惯（2）中的大部分都是南方省份，习惯于白天时间观看视频。第三，基本上没有任何观看行为的用户，大部分处于经济高度发达地区。经济发展快、社会节奏加快，人的时间更碎片化，而碎片化的时间使得手机成为消遣时间最好的载体。

表32　家庭观看时间习惯地域分布

时间习惯分类	省　份
时间习惯（1）	辽宁、山西、青海、西藏、新疆、甘肃、天津、北京、贵州、云南、广西
时间习惯（2）	吉林、河南、陕西、江苏、浙江、四川、重庆、江西、湖南、福建、海南
时间习惯（3）	安徽、上海、广东
时间习惯（4）	黑龙江、内蒙古、宁夏、河北、山东、湖北

四、用户典型周模式

上文已经分析了用户观看直播视频的日模式，得知用户喜欢不同的时段来观看视频，将分析对象从每日数据切换到每周数据，并探究在一周内一个家庭在智能大屏上的视频观看行为，挖掘家庭每周观看行为的周模式。

我们构建了一组每周数据点 $\chi'=\{x^{(i,w)}\}$，其中 $x^{(i,w)}$ 表示家庭在一周内每小时观看视频的时间量，也就是说，通过连接七个24维每日数据点（$x^{(i,d)}\in\chi$）获得每周数据点集，每周数据点集维度为24×7。χ' 中总共有488737个周数据点。

我们将K-Means算法应用于周数据点集 χ'，由此产生的簇的质心被认为是典型的周模式。为了确定集群数量的适当值，我们再次使用不同的k值运行K-Means算法。最后，我们将k值设为6，它位于畸变曲线的肘部附近。图30描述了六个典型的周模式：

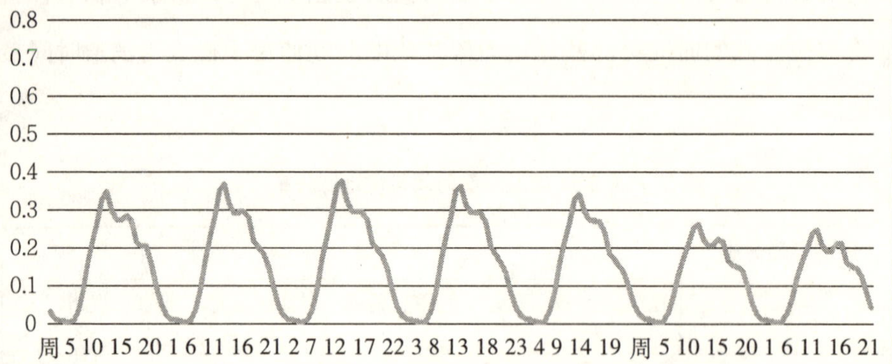

（a）

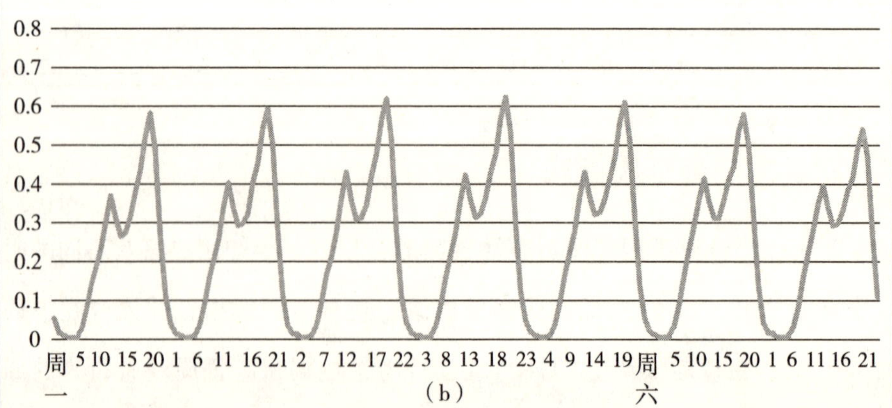

（b）

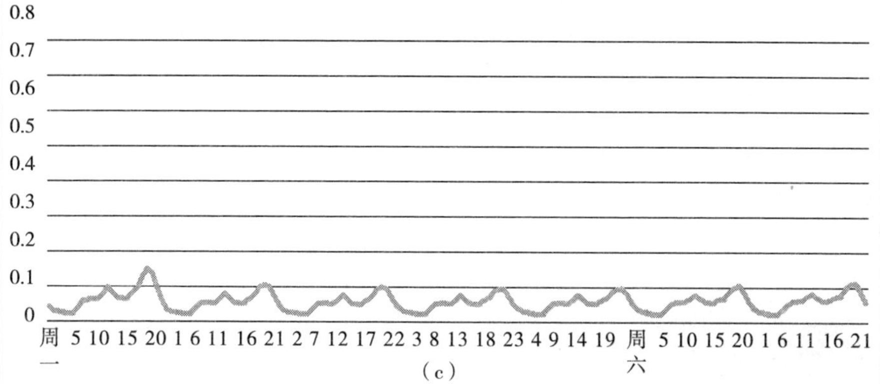
0.8
0.7
0.6
0.5
0.4
0.3
0.2
0.1
0
周一 5 10 15 20 1 6 11 16 21 2 7 12 17 22 3 8 13 18 23 4 9 14 19 周六 5 10 15 20 1 6 11 16 21

（c）

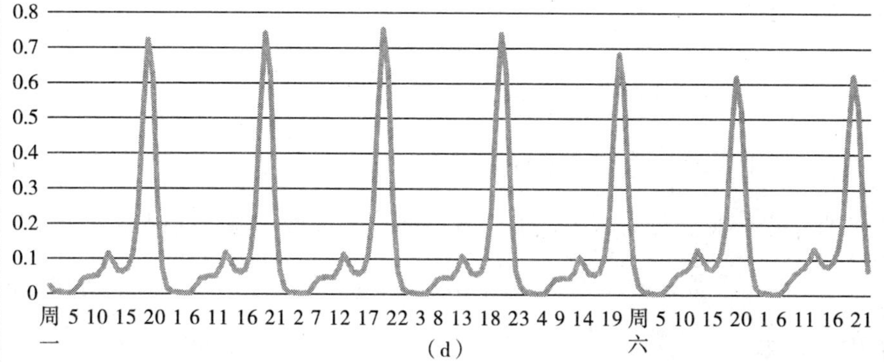
0.8
0.7
0.6
0.5
0.4
0.3
0.2
0.1
0
周一 5 10 15 20 1 6 11 16 21 2 7 12 17 22 3 8 13 18 23 4 9 14 19 周六 5 10 15 20 1 6 11 16 21

（d）

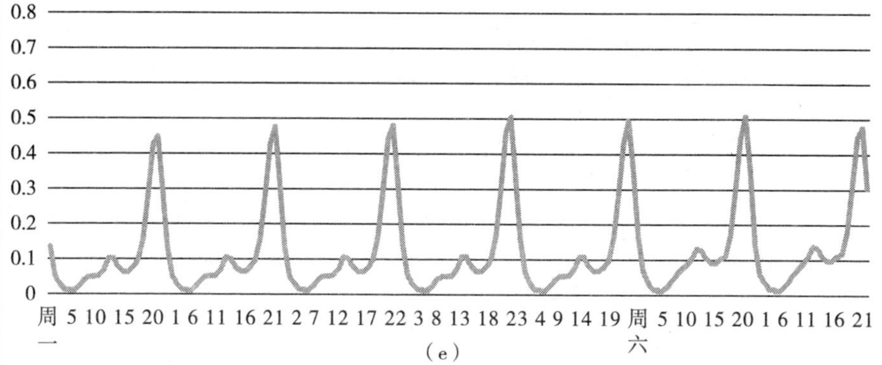
0.8
0.7
0.6
0.5
0.4
0.3
0.2
0.1
0
周一 5 10 15 20 1 6 11 16 21 2 7 12 17 22 3 8 13 18 23 4 9 14 19 周六 5 10 15 20 1 6 11 16 21

（e）

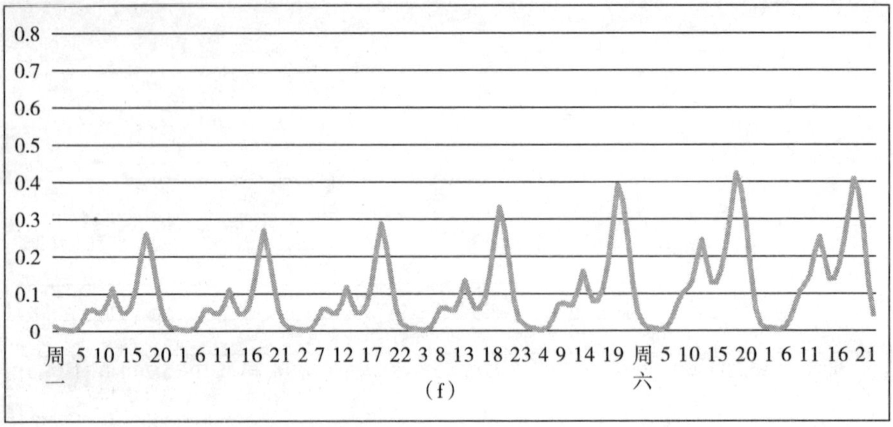

注：模式（a）：中午模式；　模式（b）：双高模式；　模式（c）：双低模式；
模式（d）：晚上（高）模式；模式（e）：晚上（低）模式；模式（f）：周末模式。

图30　收视周模式

从图30中可以看出，这些模式有共同点：

（1）几乎所有的周模式都具有周期性，且周期为24小时，即用户每天的直播视频观看行为有固定的观看习惯，且观看习惯不会轻易改变。

（2）几乎所有的周模式曲线形状都有两个峰值，一个峰值所在时间为中午，另一峰值所处时间为晚上，用户在中午和晚上视频观看时长分别在局部时间内达到顶峰，符合传统对时段的认知。

（3）每个周模式都有一个深谷，时间为2:00~6:00，在这段时间内用户大部分都在睡觉，几乎没有任何观看视频的行为。

虽然这些共同点是显而易见的，但它们之间的差异也值得注意。图30a、图30b和图30c中曲线形状都有两个峰值，且两个峰值之间差距不大，曲线形状相似，但峰值量不同，从图30b中的最高水平到图30a中的中间水平，再到图30c中的最低水平。图30a曲线形状中，峰值出现的时间是中午12:00，在下午5:00有一个小峰值，而后一直下降，即用户主要观看行为集中在中午前后时间。而图30b和图30c在中午12:00出现第一个小峰值，然后在晚上8:00达到峰值，显示用户主要的观看行为集中在中午前后时间和晚上前后时间。因此，图30a中的周型命名为“中午模式”，图30b和图30c中的周型分别命名为“双高模式”和“双低模式”。

另外，图30d和图30e中第二峰和第一峰的峰体积之差比其他峰要大得多，表明用户主要观看行为集中在晚上。图30d和图30e中虽然峰值都出现在晚上，但是这两个模式的曲线形状有两点不同：

（1）图30d和图30e两个模式的曲线形状的峰值量不同。图30d中的峰值量远大于图30e的峰值量。

（2）图30d和图30e曲线形状中出现峰值的时间不同。图30d曲线形状中出现峰值的时间是晚上8:00，而图30e出现峰值的时间被推迟到晚上10:00。结合图30d和图30e两者的区别，图30d中的周型被称为“晚上（高）模式”，图30d中的周型被称为“晚上（低）模式”。在图30f中，一周内有明显的上升趋势，且周末看大屏视频的时间比平日要多得多，例如从图30f周末的曲线形状可以看出，中午的视频观看行为较工作日有明显的增长。因此，图30f中的周模式被命名为“周末模式”。典型的六类周模式命名如表33所示：

表33　收视周模式命名

模式	名称
模式（a）	中午模式
模式（b）	双高模式
模式（c）	双低模式
模式（d）	晚上（高）模式
模式（e）	晚上（低）模式
模式（f）	周末模式

五、假日效应

在本节中，我们将假日和工作日区分开来，因为用户只有在有空且有意愿才会选择观看电视，那么在智能大屏上观看直播视频的时间在很大程度上取决于用户在家是否有空，接下来将探究假期对用户观看行为是否产生影响。由于本文所用数据时间为2018年7月1日~2019年6月30日，所以节假日包括所有的法定公共假日和周末。此外，我国所有学生在春节前后都有大约4周的寒假（结合全国各地学校放假时间和数据统计的需要，本文将寒假日期定为2019年1月28日~2月24日）。其他所有的日子都被视为工作日。我国的节假日一般只有2~3天时间，首先以每日为基础来探究假日和工作日用户观看视频行为的区别，其次分析长假对用户观看行为的影响。

（一）每日基础

χ中的所有每日数据点都被分配到与每日模式对应的八个簇中，χ中的数据点在八种模式中的分布情况如表34的第二列所示。一个显著的结果是，“潜水模式”所占比重是最大的，它包含34.19%的每日数据点。这表明，用户很少（或从来没有）在一定天数内通过智能大屏观看直播视频。这种现象的原因：（1）用户使用智能大屏可能更倾向于观看点播视频，把一些或大部分的时间花在电视点播节目上。（2）除了电视外，还有其他娱乐活动可供选择，例如听音乐、玩游戏和使用智能手机或个人电脑上网。

统计节假日和工作日的数据，探究节假日的视频观看行为是否与工作日有所不同。每日数据点χ被分成两个子集χ_{holi}和χ_{work}，其中χ_{holi}数据点集为1632808，χ_{work}数据点集为2775776。表34的最后两列显示了χ_{holi}和χ_{work}数据点集在八个集群中的分布情况。从表34可以看出，这两个分布有明显的区别：（1）与χ_{work}在各模式的分布相比，χ_{holi}中属于“上午模式”和“下午模式”的数据点集所占的百分比略高。（2）与χ_{work}在各模式的分布相比，χ_{holi}中属于“黄金模式Ⅰ”的数据点集所占的百分比要低，但是χ_{holi}中属于“黄金模式Ⅱ”的数据点集所占的百分比要高。（3）与χ_{work}在各模式的分布相比，χ_{holi}中属于“潜水模式”的数据点集所占的百分比要低，但是χ_{holi}中属于“冲浪模式”的数据点集所占的百分比要高。造成上述现象的原因可能是，与工作日相比，智能大屏用户在节假日会有更多时间来安排自己的事情，更喜欢晚睡，他们在节假日的上午或下午可以花更多时间观看直播视频，会弱化黄金时段对用户观看行为的影响，而晚睡则提高了“黄金模式Ⅱ”模式行为的占比。节假日用户空闲时间的增加，会增大不活跃用户的观看电视行为的几率，这也解释了表34中节假日中属于“潜水模式”的数据点集所占的百分比比工作日要低，但是属于“冲浪模式”的数据点集所占的百分比要高。为了验证观察到的差异是否为偶然，我们进行了卡方检验。卡方检验的结果为我们提供了极高的可信度，$p<0.001$，即每日数据点所属的聚类与当天是假日还是工作日无关。因此，在智能大屏用户的日常视频观看行为中存在假日效应。

表34　假日与工作日对比

每日模式	χ中数据各模式占比	χ_{holi}中（假日）数据各模式占比	χ_{work}中（工作日）数据各模式占比
上午模式	6.58%	7.15%	6.25%
中午模式	8.70%	8.37%	8.89%
下午模式	6.82%	7.14%	6.63%
傍晚模式	10.12%	10.22%	10.06%
黄金模式Ⅰ	17.73%	16.63%	18.38%
黄金模式Ⅱ	10.92%	11.21%	10.75%
冲浪模式	4.94%	5.87%	4.39%
潜水模式	34.19%	33.42%	34.64%

（二）每周基础

为探究长假对用户观看习惯的影响，本文选择了2018年国庆假期、4周寒假（2019年1月28日~2月24日）和工作日进行对比分析，挖掘假期对用户观看时长的影响。

由于χ'中的所有每周数据点都被分配到与每周模式对应的六个集群，因此我们在表35的第二列中列出了χ'中的数据点在六个集群中的分布。“双高模式”“中午模式”和“双低模式”三种模式在白天和晚上都有播放行为，集群大小从7.28%增加到12.20%和38.44%形成了鲜明的对比。可以看出很多用户并不是很活跃，相当一部分的时间基本没有播放行为。

为对比假期及假期长短对用户观看行为的影响，我们把每周数据点χ'分为三个子集χ'_{svac}、χ'_{lvac}和χ'_{reg}，分别代表国庆小长假、寒假和工作日的周数据点集合，其中χ'_{svac}数据点集为8951，χ'_{lvac}数据点集为35556，χ'_{reg}数据点集为444230。为了进行比较，表35最后三列列出了χ'_{svac}、χ'_{lvac}和χ'_{reg}中六个集群中每周数据点的分布情况。显然如表35所示，这三种分布之间存在差异。首先比较国庆小长假和工作日的用户观看习惯。与χ'_{reg}相比，χ'_{lvac}中“中午模式”“双高模式”“双低模式”占比基本没有变化，但是“晚上（高）模式”和“周末模式”占比增高，而“晚上（低）模式”占比变低。小长假期间，智能大屏用户更倾向于晚上看电视，与平常时间相比会推迟观看直播视频的高峰期时间；在假期即将结束时，观看视频的时间会大幅增加。其次，比较寒假和工作日的用户观看习惯，分布有明显的区别：（1）与χ'_{reg}相比，χ'_{lvac}中“中午模式”“双高模式”的数据点集所占的百分比要高，而“双低模式”的数据点集所占的百分比要低。（2）与χ'_{reg}相比，χ'_{lvac}中“晚上（高）模式”占比增高，而“晚上（低）模式”占比变低。（3）与χ'_{reg}相比，χ'_{lvac}中“周末模式”的数据点集所占的百分比要高。与正常的周数据相比，智能大屏用户可以在寒假4周内的连续工作日的白天花更多的时间观看直播视频，因此，他们的“中午模式”和“双高模式”数据占比正常周要高。在正常周里，用户在连续工作日的白天更不活跃，只能在周末时间观看视频，所以正常周的“周末模式”数据占比要高于假日。假期不用工作，人们一般比正常周晚睡，因此在表35中体现为用户会推迟观看视频时长的峰值时间。国庆小长假和寒假相比，我们还进行了卡方检验，该检验为我们提供了很高的置信度（$p<0.001$），因为观察到的差异不是偶然。因此，每周数据点所属的集群并不独立于该周是正常周或假日周。

表35　平常周与假期周对比

每日模式	χ'中数据各模式占比	χ'_{svac}中（国庆）数据各模式占比	χ'_{lvac}中（寒假）数据各模式占比	χ'_{reg}中（工作日）数据各模式占比
中午模式	12.20%	11.38%	13.47%	12.12%
双高模式	7.28%	7.61%	11.12%	6.96%
双低模式	38.44%	38.14%	33.79%	38.82%
晚上（高）模式	11.30%	12.59%	12.21%	11.20%
晚上（低）模式	13.21%	11.56%	12.46%	13.30%
周末模式	17.57%	18.71%	16.94%	17.60%

可见，假期确实会影响智能大屏观众每周的视频观看行为：（1）小长假对大屏用户白天视频观看行为的影响很小，但用户会推迟晚上观看视频高峰期的时间，在假期即将结束时，用户会增加观看电视的时间。（2）长假不仅会让用户推迟晚上观看视频高峰期的时间，还会增加用户白天观看视频的时长。

六、不同视频类别的用户喜好

日志文件中的每个视频都被分配到一个类别，这可以分析不同视频类别的流行性及其随时间的变化。

（一）不同类别视频整体受欢迎程度

我们将所选家庭的全部视频观看记录按类别分类。表36的第三列列出了每个类别接收的视图总数的百分比。最受欢迎的类别是电视剧、综合和综艺，占总观看量的78.39%。新闻、民生、电视剧和每周综艺节目对传统直播电视仍然非常重要，而动画、电影和儿童节目更适合点播观看。

表36 视频类别统计

类别	选定数据类别分布	总体数据类别分布
电视剧	28.91%	30.60%
电影	4.42%	4.35%
科教	8.72%	8.49%
少儿	1.86%	2.00%
体育	3.85%	3.75%
综合	28.70%	27.07%
综艺	20.78%	20.95%
其他	2.77%	2.79%

（二）不同类别视频人气变化

不同的人不仅习惯在一天的不同时段看电视，而且更喜欢不同类别的视频。如果考虑到时间因素，可以探究一天24小时不同视频类别的普及率变化。

我们按小时细分每个类别分布的百分比。图31a显示了一天中不同时间每个类别占类别观看行为视图百分比的变化，很明显电视剧、综合和综艺高于其他视频类别。然而，随着时间的推移，它们的受欢迎程度也不尽相同。

（1）综合视频在7:00~9:00高于所有类别视频，在13:00达到小峰值，在20:00达到峰值。因为综合视频主要包括新闻民生类节目，有一定时效性，用户主要是以观看直播视频为主，又因新闻节目播出时间相对固定（早间新闻、午间新闻和晚间新闻），综合类视频曲线呈现与播出时间相似的趋势。

（2）少儿节目的播放量占比在9:00~13:00，保持了较平稳的状态，之后迅速下滑，在16:00开始上升，并在19:00达到峰值。虽然少儿类节目是白天比较受欢迎的类别，但它不如电影和电视剧在20:00~22:00受欢迎，也许是因为学龄儿童喜欢在放学后看一些少儿节目，而成年人习惯在孩子们睡觉后观看电影或电视剧。

（3）电视剧类节目播放量在上午8:00之后占比持续上升，在16:00达到小峰值，19:00跌入谷底，21:00达到峰值。与其他类别相比，电视剧类节目在15:00~17:00占有该类节目较高的播放量。也可以按类别分解每小时的各类视频播放所占百分比。

图31b显示了一天中每小时按类别的视图组成。我们观察到，三个最流行的类别始终占大约80%的观点在每小时。一个显著的现象是，综合类视频在7:00~8:00和19:00~20:00中间都占有该时段很大一部分的播放量；电视剧类视频播放在15:00~17:00，占该时段最大的播放量。前者很可能跟综合类视频播放时间有关，后者表明在该时段观看视频的用户中，最喜欢观看电视剧类的视频。

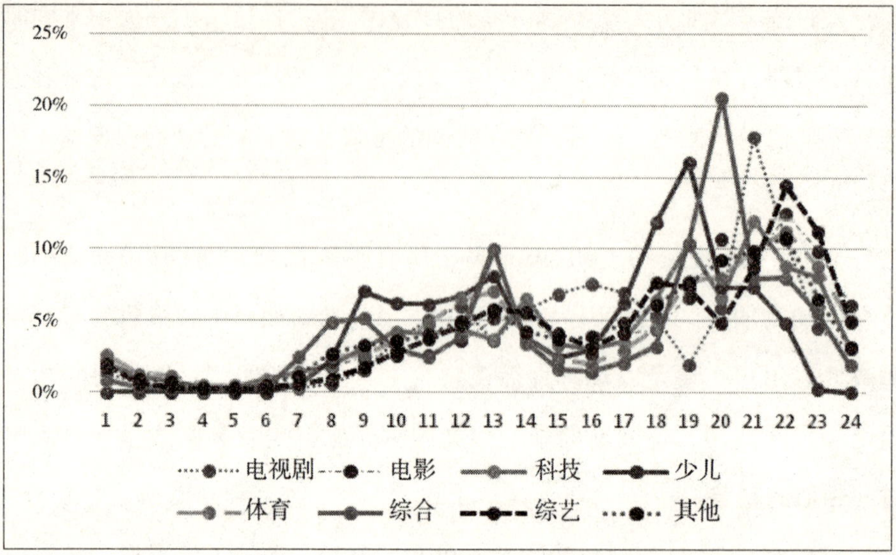

（a）

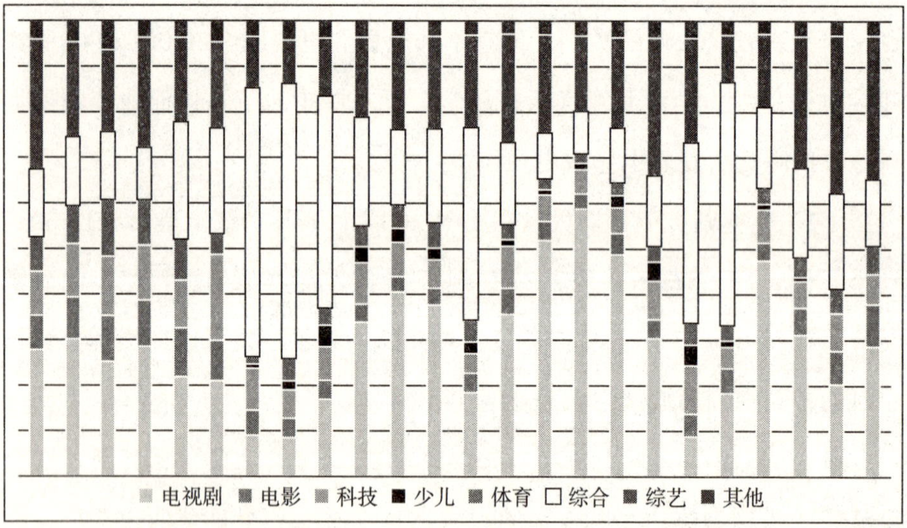

（b）

注：（a）一天24小时内各类别视频不同时段百分比的变化；
（b）一天中每小时内各类别视频占比。

图31　不同视频类别在一天中的流行度变化

七、不同视频类别的首播模式

首播视频是用户首次观看视频内容，只存在于电视直播渠道端，观看首播视频意味着用户有更多的好奇心，喜欢尝试新鲜事物，即用户喜欢选择更多样化的观看行为组合。计算首播视频率公式如下所示：

$$首播视频率=\frac{\sum 首播视频观看次数}{\sum 视频观看总数} \qquad 公式（6）$$

统计所有日志文件的首播视频率，统计结果如图32所示，首播视频占比大体与播放次数趋势相同，随着用户观看次数的增多或减少，首播视频占比也增多或减少，但在8:00~12:00，在用户增加播放次数的同时首播视频占比急剧下滑，这说明用户在这段时间更喜欢观看以前看过的作品。而在早上5:00~7:00，首播视频占比增加幅度要大于观看视频次数的增幅。

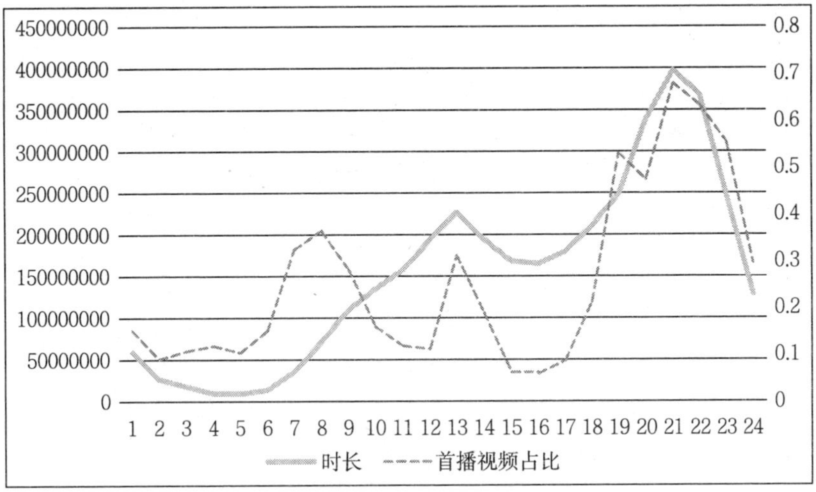

图32　总体用户首播视频占比

对首播视频占比分类别讨论，并列出相应的图表，可以看出不同类别视频用户首播观看行为存在不同。在电视剧中，用户只在19:00~24:00有首播观看行为，而在其他大部分时间用户都很少主动选择观看自己没看过的作品，如图33所示；在电影中，视频首播占比不受时间、观看次数的影响，基本都在80%以上，表明用户对电影作品不喜欢重播；在体育类别中，视频直播占比在7:00~8:00达到顶峰。可见类别是影响用户收视行为的重要因素。

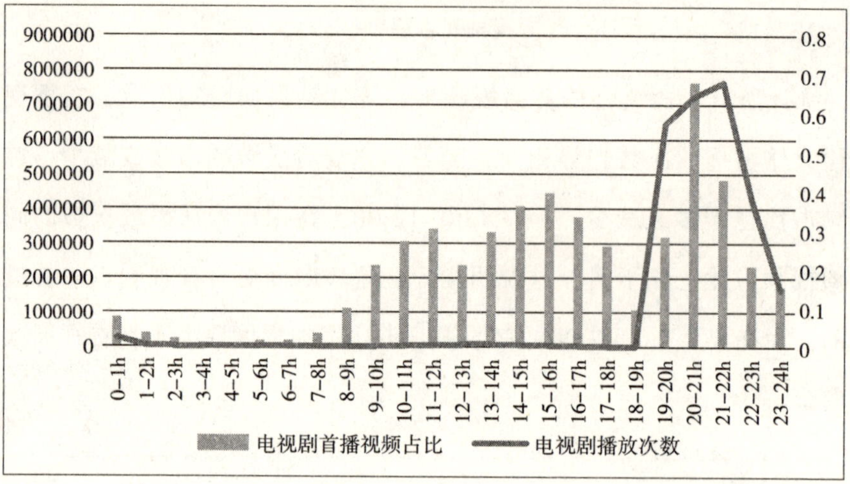

（a）

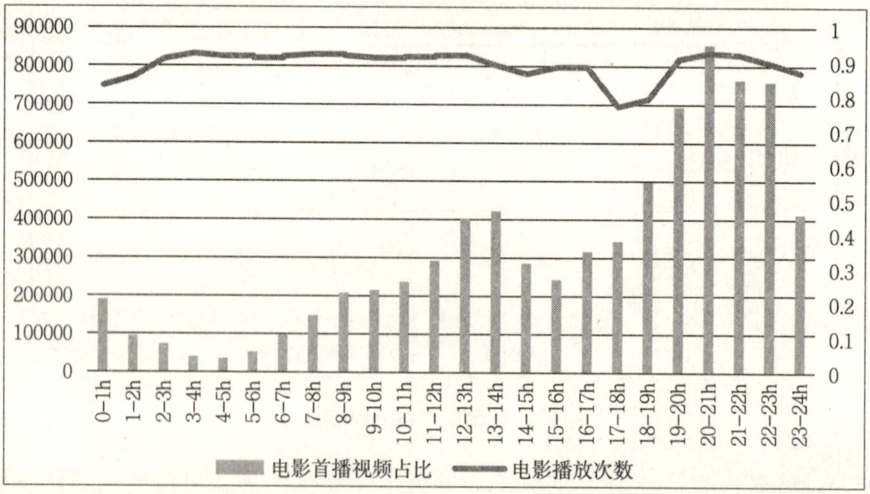

（b）

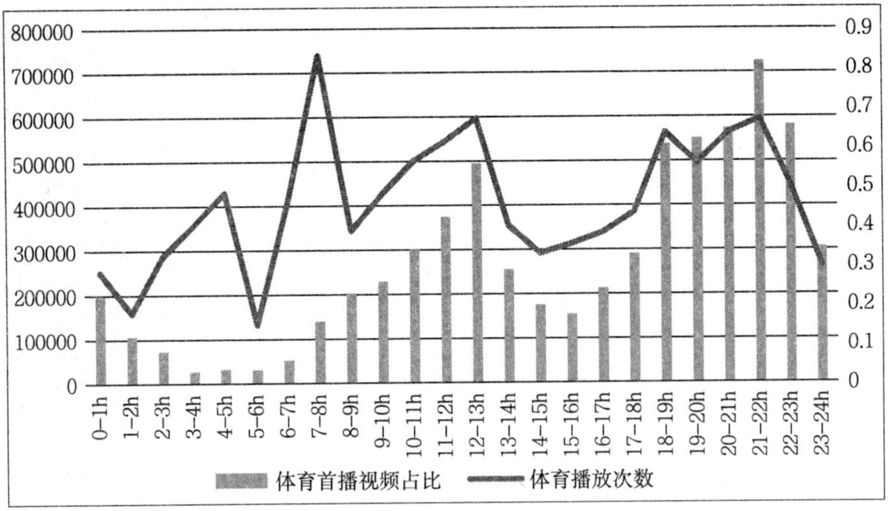

（c）

注：（a）电视剧首播视频占比；（b）电影首播视频占比；（c）体育首播视频占比。

图33　不同类别视频首播占比

按类别分别统计，一天内各小时视频首播视频占比，对每个类别数据分别求平均值，得到一组各类别视频24维数据，对数据进行K-Means算法聚类。我们在范围内尝试了不同的数值，然后从可辨别性和可解释性的角度分析了聚类后得到的各类别视频首播模式。最后，我们决定将k设置为4，它位于失真曲线的肘部附近，得到四种不同的视频首播类型，如图34所示：

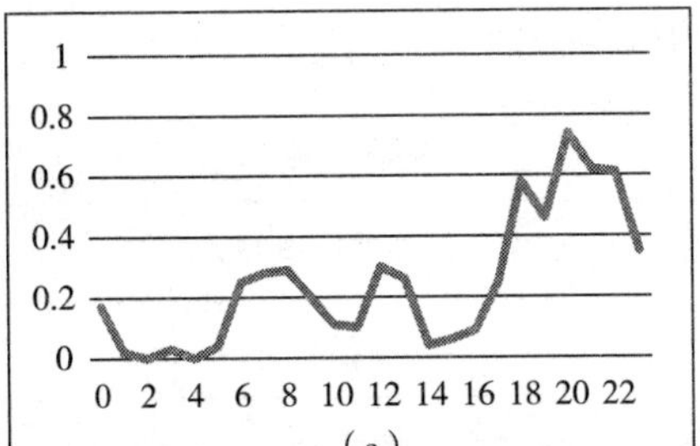

（a）

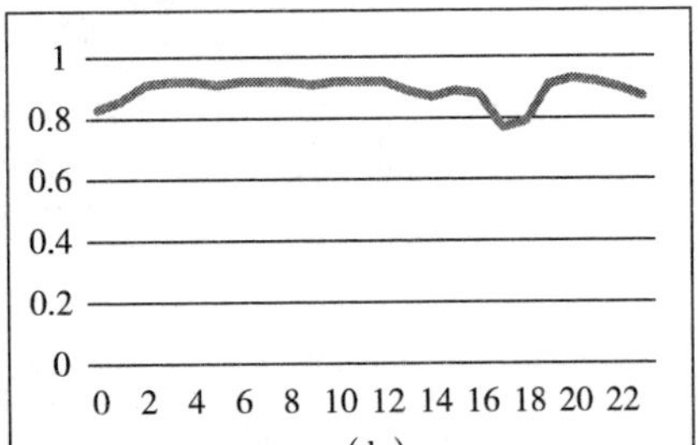

（b）

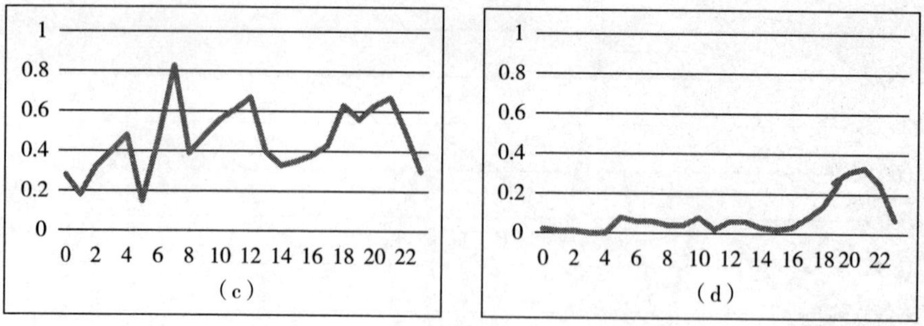

注：模式（a）晚间首播模式；　　模式（b）全天首播模式；
　　模式（c）早间首播模式；　　模式（d）无首播模式。

图34　视频首播类型

四种视频首播类型，其中模式（a）视频首播在晚间达到峰值，在白天首播率较低，为其命名“晚间首播模式”；模式（b）首播视频率一直维持在较高水平，命名为“全天首播模式”；模式（c）在早上7点视频首播率处于全天最高水平，为其命名“早间首播模式”；模式（d）首播视频率一直维持在较低水平，命名为“无首播模式”。各类别视频所属类别如表37所示。用户习惯在晚上观看综合、综艺、电视剧的首播，而在其他时段选择重复观看视频；而对于电影类视频，用户一般不会选择重复观看；体育类节目用户一般选择在早上观看首播，由于体育节目多是全球同步播出，为了即时观看赛事，会选择在早上观看视频直播；对于其他几个类别，用户并没有表现出对首播特别的欲望，视频首播率一直处于较低水平。

表37　视频类别所属模式分布

模式	视频类别
晚间首播模式	综合、综艺、电视剧
全天首播模式	电影
早间首播模式	体育
无首播模式	科教、少儿、其他

第五节 收视多样性对收视率的影响

一、指标的确立

研究中，我们发现了智能大屏用户关于时间的多样性收视行为和类别的多样性收视行为。从时间模式多样性角度看，用户每日观看的行为有不同的日模式；基于不同家庭用户日模式行为概率分析，归一化处理得出，家庭与正常观看水平相比有四种不同的视频观看时间习惯，并且从不同习惯用户的地域统计，可以看出相邻地域有相似的观看习惯；根据用户每周的观看数据，得出用户有不同的周模式，并进一步分析假日对用户收视行为的影响，观察出用户收视行为有明显的假日行为，在假日期间更倾向于在黄金时段后半部分观看视频，还分析了长短假期对用户收视行为影响的不同。从用户行为上可以看出，时间因素很大程度上影响了用户的收视行为，用户的收视行为呈现出多样化的趋势，不同用户喜好在不同时间观看电视节目，甚至同一家庭内每个成员也有不同的观看模式，所以这里将时间模式作为影响收视率的因素之一。

从类别角度看，用户对不同类别的电视节目有不同的收视率，总体电视直播偏向电视剧、综合、综艺类视频。不同用户每个小时收看的视频类别比例不同，每个时段倾向不同的视频类别组合。同一视频类别在不同时段的播放时长也不同，用户在观看同一类别视频上有时段的区分。我们分析了不同视频的用户首播比例，发现用户在选取首播对象时有类别的区分，用户在电视剧、综合、综艺视频类别会在晚高峰时段观看首播；而对于电影来说，用户更倾向于首播视频，时段对首播率没有什么影响；对于体育节目，由于时差原因，用户在早上出现首播高峰。而对于其他节目来说，用户没有典型的首播模式。从对用户不同视频类别观看行为分析来看，视频的类别也是影响用户观看行为的因素，因此本书将视频类别作为影响用户收视的主要因素。

本章选取时间模式、视频类别作为影响用户收视行为的主要因素，探究时间模式多样性、视频类别多样性对收视率的影响。

二、变量的选取

（一）因变量选取

本章研究收视多样性对收视率的影响，因此选取收视率作为因变量。收视率原指某个时段观看某个电视节目的目标观众人数占总的电视目标人群的比重，收视率统计的对象是某个电视节目，而本章中收视率表示为用户自身平均每小时观看时长的百分比，如公式（7）所示，表示用户观看电视行为的平均观看时长，收视率高表示用户有较多时间观看电视的行为，反之则表示用户观看电视的时长较少。

$$\text{收视率}=\frac{\sum_{j=1}^{n}\left(\sum_{i=1}^{24}\chi^{(i,d)}/24\right)}{n} \qquad \text{公式（7）}$$

其中i表示一天24小时，j表示用户观看的天数。

（二）自变量选取

1.时间模式多样性

时间对用户观看行为有明显的影响，用户每日数据有典型的八种观看模式，同一用户有不同的模式表现，统计用户不同观看模式的分布来表现时间因素的用户多样性。日模式是分析时间因素影响用户观看行为的基础，后续分析均是在日模式的基础上进行的，即日模式包含更多的用户行为的信息，日模式数据包含信息的广泛性；用户的行为有周期性，周模式是日模式行为的重复，日模式数据比周数据具有更广泛的适用性和灵活性。所以，本文选择用户日模式数据分布占比方差作为自变量。方差用于表示数据的离散程度，方差越大，用户数据就越分散，用户的观看模式占比差距大，即用户倾向于特定的几种观看行为，时间多样性就小。反之方差越小，用户的各种观看模式就越平均，用户的时间多样性就越大。

$\chi^{(s)}=\left\{x^{(i,\ d)}\in\chi \middle| i=s\right\}$表示涉及家庭s的每日数据点的子集，$\chi^{(s)}$中的每个数据点被分配到k个簇中的一个，但它们可能属于不同的簇。$\theta^{(s)}$是K维向量，表示家庭s每日数据子集分属八种不同模式的可能性，计算$\theta^{(s)}$向量的方差$D\theta^{(s)}$。将$D\theta^{(s)}$确定为自变量。

2.视频类别多样性

视频类别影响用户的观看行为，用户对不同视频类别有着不同的播放量，对不同类别视频的首播行为也有差别。为了研究多样性对收视率的影响，本文选择用户不同类别播放量占比方差作为视频类别影响用户多样性行为，将其设置为自变量。不同类别播放量占比方差越大，用户观看电视节目的类别越少，用户的视频类别多样性就越小。反之，方差越小，用户观看的电视剧节目类别数量越平均，用户视频类别多样性就越大。

统计用户观看八种视频类别的观看量，设$\chi^{(s)}$为8维向量，为用户s观看各种类别视频的占比，计算$\chi^{(s)}$向量的方差$D\lambda^{(s)}$，将$D\lambda^{(s)}$确定为自变量。

三、模型构建及分析

回归分析是确定两种或两种以上变量间相互依赖的定量关系的一种统计分析方法。本章选取收视率作为因变量，选取时间模式多样性和视频类别多样性为自变量，建立用户多样性回归分析表，并进行回归分析。用户多样性回归分析表属性如表38所示：

表38　用户多样性回归分析表

属性	含义
Rating（因变量）	代表用户收视率
Vart（自变量）	$D\theta^{(s)}$，代表用户时间多样性方差
Varc（自变量）	$D\lambda^{(s)}$，代表用户视频类别多样性方差

回归分析结果如图35所示。R^2值代表回归的拟合程度，图35R^2值为0.434，拟合效果较好。F值比较大，Sig值小于给定的显著性水平，拒绝原假设，说明方程有明显的显著性。T检验，Sig值小于给定的显著性水平，拒绝原假设，说明回归系数有明显的显著性。根据结果，得出回归方程式（8）。

$$Y = 0.152 - 1.326X_1 + 0.188X_2 + \varepsilon \qquad \text{公式（8）}$$

Y代表收视率。X_1代表用户关于时间模式多样性，X_1越大，即时间模式多样性方差越大，用户时间模式多样性小，时间模式多样性方差与用户时间模式多样性成反比关系。从方程式得出时间模式多样性方差与收视率成反比关系，所以用户时间模式多样性和收视率成正比，即用户时间模式多样性会增加收视率。X_2代表用户观看视频类别的多样性，X_2越大，即用户观看视频类别多样性方差越大，用户观看视频类别的多样性越小，则用户观看不同类别视频占比方差与用户观看视频类别多样性成反比关系，从方程式得出观看视频类别多样性方差与收视率成正比例关系，所以用户观看视频类别多样性和收视率成反比例关系，即用户观看更多的视频种类会降低收视率。

Model Summary

Model	R	R Square	Adjusted R Square	Std. Error of the Estimate
1	.658[a]	.434	.433	.029154371376718

a. Predictors: （Constant）, varc, vart

ANOVA[a]

Model		Sum of Squares	df	Mean Square	F	Sig.
1	Regression	6.242	2	3.121	3671.828	.000[b]
	Residual	8.156	9596	.001		
	Total	14.398	9598			

a. Dependent Variable: rating

b. Predictors: （Constant）, varc, vart

Coefficients[a]

Model		Unstandardized Coefficients		Standardized Coefficients		Sig.
		B	Std. Error	Beta		
1	(Constant)	.152	.001		218.935	.000
	vart	−1.326	.016	−.672	−83.948	.000
	varc	.188	.026	.057	7.172	.000

a. Dependent Variable: rating

图35　用户多样性回归分析结果

第六节　结论与展望

一、主要结论

为了了解智能大屏用户视频观看行为在人群层面的时间模式，我们对大规模视频观看日志进行了广泛的分析。虽然行为可能在个体层面上是异质的，但在人群层面上存在一些规律性的模式。确定了八种每日模式，用四种时间习惯来描述家庭之间的差异，揭示了六种不同的周期性每周模式，视频观看行为在日常和每周都存在着节日效应。此外，我们还研究了不同视频类别的时间动态，包括智能大屏上最受欢迎的视频类别，探究在一天24小时内不同类别的受欢迎程度。并构建模型，探究用户收视多样性对收视率的影响。

首先查看了2018年7月至2019年6月期间的视频观看日志，直播端数据176756273条，涉及10万用户。接着我们基于分析目的对数据进行筛选，从用户观看视频的时间跨度筛选时间跨度大的用户，从用户观看时长角度筛选高频率用户，确定分析的用户集，并筛选出适合进行分析的数据集，根据需要对数据进行简单的预处理，包括删除重复、可疑数据，对跨越多小时的数据进行切割，对没有观看行为的数据进行补零等。

我们首先从总体数据概览，介绍数据反映的基本情况，接着从时间模式、视频类别方面对数据进行挖掘分析，研究这些因素如何影响智能大屏用户的视频收视行为。为了挖掘智能大屏用户视频观看行为的时间模式，我们首先测量一个家庭每天每个小时在智能大屏上观看视频的时间量，从家庭第一次使用视频服务之日起每天生成一个数据点，然后将K-Means算法应用于这些数据点，就可以识别出典型的每日模式。家庭的时间习惯包含在涉及家庭的每日数据点的k维聚类成员向量中，进一步将聚类算法应用于所有家庭的k维聚类成员向量上，可以对这些家庭进行粗略区分，形成四类家庭不同的观看时间习惯模式，计算家庭观看时间习惯的地域分布，得出家庭习惯地域分布的特点。其次，我们尝试通过将聚类算法应用于24 × 7维每周数据点来揭示典型的每周模式，形成了六种典型的每周模式。然后通过进一步的分析，验证是否存在假日效应，基于每日数据和每周数据分别进行验证，每日数据将数据集分为工作日和节假日，对比用户在不同观看模式的占比；每周数据分为国庆小长假、寒假和正常周，对比用户在不同长短假期的周观看模式占比。最后，我们将整个视频流量在类别和时间两个维度上进行分解，以研究不同视频类别在白天的时间动态。首先从总体上分析不同类别视频的点播比例；其次分析了同一类别不同时段的观看比例和同一时段不同类别视频的播放时长的占比；最后对比不同类别视频首播模式，对视频首播率数据进行聚类，识别出不同视频的首播模式。

通过分析用户的多样性行为，时间因素和视频类别对用户观看行为有影响，从而探究用户多样性行为对用户收视率的影响。重新定义用户的收视率，以用户为观察对象，体现用户收视时长的高低变化。定义模型的自变量和因变量，选取分析方法进行分析，并对结果进行解读。

本文主要结论如下：

第一，对用户的每日数据进行聚类分析，发现了八种典型的每日模式，并根据每种模式的曲线形状和出现峰值的时段为其命名，分别为上午模式、中午模式、下午模式、傍晚模式、黄金模式Ⅰ、黄金模式Ⅱ、冲浪模式和潜水模式。

第二，不同家庭有不同的人口组成，家庭内不同人口有不同的观看行为，因此同一家庭可能有不同的观看行为模式。统计每台智能大屏八种典型日模式的分布，计算出家庭在不同日期里的行为分属于不同日模式的可能性，并对分属不同日模式的可能性进行聚类，发现家庭在平均水平下有不同的倾向性。家庭之间的差异大致可以用四种时间习惯来描述。有的家庭倾向于晚间黄金时段观看，有些家庭喜欢白天时间观看，有的家庭每天都会有长时间的观看行为，而有些家庭在大屏上几乎没有任何观看行为。我们还分析了家庭观看时间习惯的地域分布，发现观看习惯有地域相似性，接壤省份、文化相似的省份一般有相似的观看习惯；偏北、偏西的省份喜欢在晚上时段观看视频；偏南的省份一般倾向于白天观看；无观看行为的用户一般处于经济发达地区。

第三，根据用户的周观看数据，还发现了六种典型的每周模式，它们都是周期性的，周期为24小时，但表现出不同的特点，根据特点为其命名为中午模式、双高模式、双低模式、晚上（高）模式、晚上（低）模式和周末模式。

第四，我们确认智能大屏视频观看行为存在节日效应。从日模式角度来看，与工作日相比，大屏用户更有可能在节假日的上午或下午抽出一些时间观看视频，会推迟晚上观看视频峰值的时间。基于周数据来说，与正常周相比，用户可以在长假内的连续工作日（如寒假）的白天自由地花更多的时间观看视频，增加晚上观看视频的时间。周末模式较正常周来说显著降低，但是在小长假中，用户并没有大幅增加白天观看视频的时间，只是会推迟晚上观看峰值的时间，在假期结束时增加观看视频的时长，具有典型的周末模式。

第五，智能大屏视频有八种分类，但是用户对不同分类的视频喜好的程度是不同的。从总播放量来说，智能大屏上最受欢迎的直播视频类别包括电视剧、综合、综艺。从一天24小时的分布来说，它们在24小时内的受欢迎程度是不同的。每个类别自身在一天24小时分布都有其峰值，但峰值的时间是不同的，少儿类视频出现峰值早，符合少儿放学观看时间的特点；综合类视频因它的播放特点；出现在晚上7:00左右；电视剧峰值出现在晚高峰时段。一天之中，每个时间段各个类别的视频播放占比也不同，电视剧类视频在下午时段播放量占比最大，综合类视频在8:00和20:00时段播放量占比最高，电影类视频则是在深夜时段播放量占比较高。本文对比不同类别视频首播模式，并对视频首播率数据进行聚类，识别出不同视频的首播模式。

第六，分析用户多样性行为对用户收视率的影响，采用回归分析，得出用户的时间模式多样性会促进收视率，而用户的视频类别多样性则阻碍了收视率。这表明用户多样性行为并不会促使用户收视时长的增加，用户观看模式的多变会增加用户的收视率，而用户观看较多的视频类别，会在一定程度上降低用户的收视率。

二、管理启示

智能大屏作为社会关注度高的媒介之一，不仅承担电视广播业务，还是权威声音的主要传播渠道，这给予了大屏天然的流量优势。作为唯一没有到达人口红利的媒介，跨界企业的纷纷入局客观上带给大屏更强大的生命力。智能大屏的发展，一方面是整合多方资源进行内在功能的强化；另一方面是场景的创新，打造智能大屏新生态。本文分析了用户的收视多样性行为，从用户层面更精准地把握用户的收视行为，了解用户的行为特征，分析用户多样性收视行为的影响因素。通过基于时间因素对收视行为进行分析，了解不同用户的时间观看模式；通过基于视频类别对收视行为进行分析，了解不同用户的类别喜好；通过充分了解用户收视行为规律及其影响因素，并在此基础上以相应的编排措施做到时段与节目的最佳组合，最大程度地满足用户的收视需求。

本文结合技术的发展模式从三个角度谈谈研究对管理的启示：

第一，人工智能技术助力平台内容推荐。智能大屏搭载人工智能应用模块，根据用户的历史浏览行为和用户与电视的交互，推测用户生活习惯和个人喜好，为用户个性化定制智能大屏内容界面，提供个性化推荐服务。根据时间观看模式的研究，智能大屏平台可以统计用户的浏览行为，对用户进行标记，根据用户的时间观看模式投射入不同的分组中；借助我们对不同类别视频流行度的研究，结合用户观看时间，找出不同组的用户观看视频类别的特征，为其进行定向内容推荐。

本研究可以优化平台内容推荐，以视频首播模式为例。因为用户对不同种类的视频的首播要求是不同的，所以平台在对用户进行内容推荐时要充分考虑不同种类视频的首播模式。用户对电影有很强的首播情节，对用户进行电影推荐时要着重推荐没有看过的电影；体育类节目属于早间首播模式，平台应大力推荐最新的体育赛事；综艺类、电视剧类节目属于晚间首播模式，在晚上对用户推荐时要提供最新的节目内容，在平常时间进行推荐可以加大用户已观看节目的占比。

第二，移动互联网下沉，打造精准闭环营销。跨屏联动实现移动互联网下沉。当今手机依然是最常用的智能电子设备，随着手机与电视投屏功能日益完善，大小屏联动，手机专属的移动互联网内容可以通过投屏覆盖到电视范围，实现了移动互联网内容的下沉。

大小屏联动，打造精准闭环营销。基于大小屏联动关系搭建模型，实现用户级别由家庭到人的突破，打通移动端与智能大屏之间的数据。根据本文对不同种类视频流行度的研究，依据用户浏览视频记录，反推智能大屏终端的家庭构成（例如，用户如果在晚上7:00观看少儿节目时长达到一天中的峰值，那么极有可能是有孩子的家庭）。通过连接移动端和大屏端数据，对家庭信息进行汇总，精准定位到人，并对不同家庭成员收视行为进行模式分析，对家庭成员进行画像。根据家庭成员的用户画像，对用户进行广告的精准投放，并跟踪用户的搜索、浏览和购买行为，测量广告投放的效果，根据效果逐步调整广告投放策略，实现精准闭环营销。

第三，新指标转变媒体内容排播新方式。媒体间竞争白热化，内容成为留下客户的关键因素，而视频内容的排播就显得尤为重要。根据我们对不同种类视频流行度的研究，表明不同时段用户喜好的视频类别是不同的。应根据目标用户的喜好，在不同的时段播放不同的视频内容，随时紧贴用户收视动向，满足观众的喜好。根据我们对用户收视多样性行为对收视率的影响的研究，发现用户的时间模式多样性会促进收视率，但是用户的视频类别多样性则会阻碍收视率。视频平台在进行内容排播时要减少视频类别间的切换，延长用户的收视时长，增加用户黏性，从而提升节目的收视率。

三、研究展望

本研究立足于智能大屏行业快速发展的时代背景，运用大样本面板数据对大屏用户的收视行为进行研究，发现了智能大屏用户在时间模式和视频类别上的收视多样性规律及其对收视率的影响。本研究的不足之处在于：一是本文重点聚焦于用户收视多样性行为对收视率的影响，而对用户的自身特质如职业、年龄、收入等因素未作考虑；二是本研究只对视频进行了粗略分类，而对具体的视频内容及视频品牌因素未作关注。

鉴于本研究存在的不足，未来研究方向从以下几个方面展开：

第一，在分析用户收视多样性时，增加用户特质对收视行为的影响。在选择视频节目时，用户会受到性别、年龄、地域及历史收看行为等多种因素的影响。分析用户特质对用户收视多样性，从而使研究更加全面。

第二，在研究用户收视多样性方面，增加用户观看视频内容多样性和视频品牌的多样性。用户主动选择视频品牌和视频内容，体现了用户更多的个人喜好，可以更好地为用户进行画像。通过对比用户相邻的观看记录，可以分析出用户是人随剧走还是特定视频品牌的忠实拥趸，从而更好地完善用户收视多样性的研究。

第三，增加社会环境因素，探讨社会环境对用户收视行为多样性的影响。用户观看行为不但受个人因素的影响，还与社会环境有关。社会环境影响用户的收视多样性，从宏观上看表现为民族、文化等社会因素影响用户行为，从微观上看是家人、朋友等对用户收视多样性的影响。

第四，基于用户收视多样性研究，提升推荐算法的推荐效果。Sarwar等人提出了协同过滤算法，算法的核心理念是给用户推荐他们之前喜欢的相似物品。时间是影响用户观看行为的重要因素，考虑到用户偏好依赖于时间情境，许多时间感知推荐算法被提出。根据不同时段用户喜欢观看的视频种类，为用户推荐更多感兴趣的视频。

第五，破解家庭到人的难题。在一般家庭中，一台智能大屏由多个家庭成员共享，不同家庭成员有不同的视频偏好、时间偏好，多样化的行为可能是由不同成员观看习惯造成的。寻求多样性的日变化也是区分家庭中个人用户的一个重要因素。许多研究者通过假设一个家庭中的不同用户不仅对观看的内容有不同的偏好，而且习惯于在不同时间段观看电视，从而获得了更好的视频节目推荐功能。在实际观看电视过程中，不知道有多少用户都生活在一个家庭里，更不用说谁负责每个视频的观看记录了。由于所提供的日志文件中缺少此类信息，因此在未来的智能大屏平台中，如何根据用户浏览内容判断家庭组成，提供家庭成员各自需要的视频服务，也是一个值得研究的课题。

PART
FOUR

第四章

个性推荐篇

第一节 智能大屏节目个性化推荐方法

一、研究背景

受移动互联网的冲击，电视作为娱乐设施的使用时长在家庭中有逐步减少的趋势。智能大屏OTT出现在一个合适的时刻，从移动终端中重新唤醒了用户对电视的需求。随着我国宽带接入用户规模不断增长，OTT越来越多地代替传统电视进入家庭。

OTT的快速发展得益于硬件设施的不断完善和制度的逐渐规范。在OTT发展初期，不规范的硬件设施和无版权的低质量视频节目为用户带来了较差的体验。2010年，随着国家广播电影电视总局发布多项管理规范，OTT开始进入可管可控的发展模式。目前，OTT市场已经形成了一个较为完整的产业，参与各方包括内容提供商、内容服务牌照方（中央人民广播电台、北京电视台等）、集成业务牌照方（授权7家）、网络运营商、终端服务商以及用户和广告商。完整的产业链关系如图36所示。

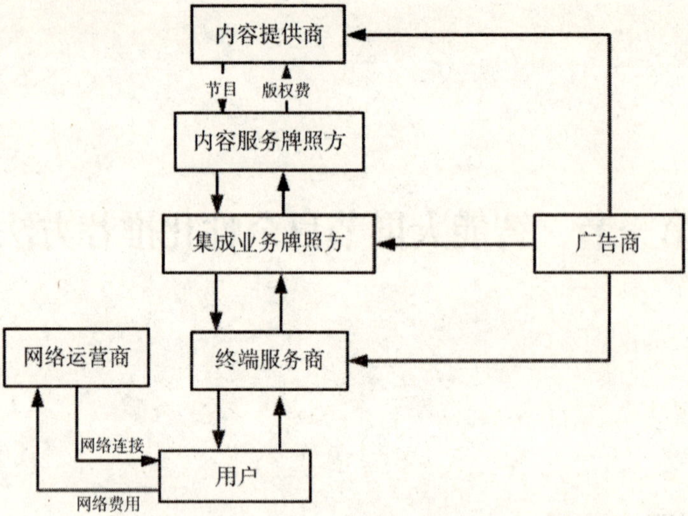

图36　OTT产业链

图36中有三条主要产业链条：首先，内容提供商将内容提供给牌照方，牌照方与终端服务商合作，将系统与视频内容提供给终端服务商，最终传递给用户，其中产生的版权费和用户观看视频产生购买行为的费用也层层向上传递；其次，用户自己负担网络运营商收取的网络连接费用，获得互联网连接，以保证终端的正常工作。网络运营商提供给用户网络连接，从用户那里获得服务费；最后，广告商投放的广告，可选的方式有三种，分别是在内容中植入广告、通过牌照方在观看视频的间隙植入广告、通过终端服务商在终端开启或关闭时插入广告。

OTT经常被用来与IPTV进行对比。IPTV在传输方式上走的是IP城域网，通过专用的机顶盒来连接电视，机顶盒系统内搭载的主要是牌照商提供的内容。由于IPTV有专用的网络，因此观看节目的质量和稳定性都较高，但由于视频资源仅限于牌照商的视频资源，对多屏互动有较多限制。相比之下，OTT没有专用的网络，而是通过OTT盒子接入互联网并连接到电视，许多智能大屏甚至已经将OTT系统内置在电视中，不需要单独的盒子就可以收看互联网电视。由于OTT是一个更加开放的平台，因此视频内容更加丰富，并且支持多屏互动，可以将手机、平板、电脑等终端的内容投射到大屏上，以适应更多的使用场景。OTT与IPTV最大的区别在于，IPTV的视频服务需要专门的物理网络，而OTT的视频服务与物理网络是脱离的，使得视频服务脱离了网络运营商的控制。

二、研究问题

以OTT为代表的智能大屏平台上视频数量众多，用户面临严重的信息超载问题。在数以万计的视频中挑选出想要观看的节目成为用户的一大负担，也极大地增加了用户的时间成本。虽然智能大屏平台支持搜索引擎，但搜索引擎只适用于特定场景，即在用户有特定的搜索目标时，搜索引擎才发挥作用。因此，如何帮助用户在众多视频节目中挑选感兴趣的节目是智能大屏平台需要解决的一大问题。

在智能大屏平台引入个性化推荐系统是这一问题的有效解决方法。推荐系统的主要任务在于帮助用户快速找到当前最需要的信息。个性化推荐根据用户的兴趣特征及历史行为，主动评估用户对于系统中项目的感兴趣程度，并给用户提供最为合理的推荐。目前许多电子商务系统如京东、淘宝等，都拥有自己的个性化推荐系统。推荐系统在带来巨大商业效益的同时，也为用户节约了挑选项目所花费的时间，这种高效的服务体验保证了用户对系统的忠诚度。在智能大屏平台上引入个性化推荐能够有效降低用户挑选视频的操作难度，节约用户挑选视频节目的时间，从而提高智能大屏的用户体验。

因此，本部分的主要研究问题是设计适用于智能大屏节目点播的个性化推荐系统，通过实验来检验推荐的实际效果，并探究各种推荐模式与参数设置对最终推荐效果的影响。

协同过滤算法是在个性化推荐系统中应用最为广泛的一种方法。我们与勾正数据合作，抽取了10万户家庭在2019年6月的行为数据，尝试将协同过滤算法引入OTT平台的视频节目个性化推荐中，具体研究工作包括以下两点：

1. 搭建基于用户的协同过滤与基于项目的协同过滤推荐模型，利用智能大屏OTT平台数据进行系统调试，生成评价指标结果，分析推荐质量。

2. 利用用户行为数据，建立隐式用户兴趣模型以支持推荐，在此基础上探究隐式模型的改进方式和推荐结果数量设置对推荐质量的影响。

三、研究意义

本文围绕智能大屏节目点播个性化推荐展开研究，根据大屏用户的收视行为，以直播点播数据相结合的方式全面分析用户的偏好，为用户推荐感兴趣的视频节目。

研究对于个性化推荐领域的理论贡献有以下三点：第一，本研究拓展了协同过滤算法的应用平台，证明了协同过滤算法在智能大屏平台有较好的适用性。第二，对用隐式评分模型代替显式评分的具体效果进行了探究，证明了隐式模型能够替代显式评分模型，带来较好的推荐效果。第三，对协同过滤方式的选择以及TOP-N方法中N的取值，对推荐效果的影响进行了测试，提升了协同过滤算法在智能大屏平台的推荐质量。

搭建基于智能大屏平台的个性化推荐系统在实践价值层面的意义，在于有助于平台有针对性地为用户推荐感兴趣的节目，提高推荐质量，提升用户体验。对于推荐系统而言，推荐质量是十分重要的。如果推荐系统提供的推荐在用户看来与其毫无关系，这非但不能引起用户的认同，反而会直接对用户造成误导，从而带来用户对该系统的不信任，甚至造成用户的直接流失。一个好的个性化推荐系统应当既能够为服务商带来良好的效益，又能满足用户的需求，从而形成共赢的局面。目前针对手机端的短视频推荐已经有了较为广泛的应用。但是，大屏与小屏的传播模式有较大的差别。电视大屏注重体验感与共享性，而手机等小屏移动设备注重的是即时性和个人私密性。因此，智能大屏平台的视频节目推荐需要针对平台特性进行研究和改进，个性化推荐研究具有重要的实际意义。

第二节　文献综述

一、个性化推荐

推荐可以是个性化的，也可以是非个性化的。在非个性化推荐中，用户对项目的选择基于其他用户在过去访问项目的次数；而个性化推荐的主要目标是根据用户个人的品位和偏好为其提供最好的商品。虽然个性化推荐长期以来在很多领域得到了应用，但事实上个性化推荐在1995年才被首次提出，直到21世纪初才受到广泛关注。1995年3月，个性化推荐概念在美国人工智能协会上被首次提出。随后，美国明尼苏达大学的研究小组制作了一个名为 Movielens的电影推荐系统，这是个性化推荐最早的应用系统之一。

在20世纪90年代后期，重要的商业推荐系统出现了。1997年，Amazon的创始人Jeff Bezos开始尝试利用个性化推荐系统帮助用户进行购买决策，例如，根据客户以前的购物喜好，尝试为其推荐具体的书籍。根据Venture Beat的统计，这一举措将该网站的销售额提高了35%。1998年，Amazon提出了基于项目的协同过滤算法，并在Amazon中推广使用，进一步完善了个性化推荐系统的应用。Amazon的成功对个性化推荐系统的发展起了巨大的推动作用。自此之后，越来越多的互联网公司开始尝试个性化推荐，并出现了混合型推荐系统。最先出现的混合推荐系统之一是Fab，一个网站推荐系统。它将协同过滤与基于内容的过滤结合在一起，查找具有相似网站偏好的用户以及具有相似内容的网站。

推荐系统根据用户的显式和隐式偏好、其他用户的偏好以及用户和项目的属性等信息来推荐用户感兴趣的项目，其中应用最为广泛的就是协同过滤算法。比如GroupLens就是一个用于查找新闻文章的、基于协同过滤的推荐引擎。基于内容的推荐也是一种常见的个性化推荐算法，比如Ringo使用内容相似性来提供个性化的音乐推荐。其他的应用案例还有很多，如NewsWeeder和InfoFinder推荐系统使用基于内容的过滤进行新闻和文档的个性化推荐。不仅如此，在混合推荐算法的研究中，基于内容的推荐方法与协同过滤的结合也是最常见的一种混合算法组合方式。

（一）协同过滤

协同过滤也称为社交过滤，是在个性化推荐领域中应用最为广泛的算法。协同过滤根据群体划分来进行推荐，不需要获取用户和项目的具体信息，而是以用户对已消费项目的评分来组成“用户–项目”评分矩阵，通过此矩阵来寻找用户或项目之间的相似度，进而预测用户对于未消费项目的评分。协同过滤算法总体上可以分为两类，基于内存的协同过滤和基于模型的协同过滤。这两类之下又可以继续细分。分类方式如图37所示：

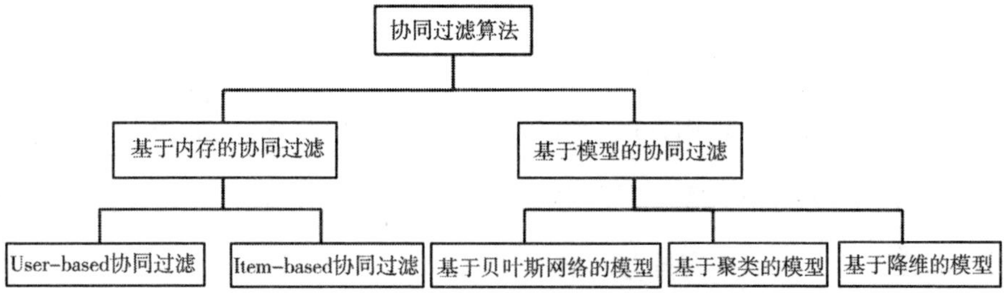

图37　协同过滤常见分类

1. 基于内存的协同过滤

基于内存的协同过滤利用“用户–项目”的评分矩阵来获得用户或项目之间的相似度，基于相似度关系做出预测并产生推荐。基于内存的协同过滤将用户的评分矩阵按照行或列进行拆分，拆分为用户或项目的特征向量。通过向量的相似度计算方法来计算这些向量之间的相似性，得出相似性结果后通过一定的方式获取相似项。按照相似项度量对象的不同，可以将基于内存的协同过滤分为基于用户的和基于项目的。

基于用户的协同过滤是通过用户对项目的评分矩阵来计算用户之间的相似度。例如：若A、B两人都消费了项目X、Y并且给出了相似的评分，那一定程度上认为A、B是相似的用户，可以给用户B推荐A消费过并评分高的项目。基于用户的协同过滤存在三个明显问题：一是数据的稀疏性，在项目数量较多时，用户可能只消费了其中不到1%的项目，这使得不同用户之间所消费项目的重叠性较低，给计算用户之间的相似度带来困难；二是算法的扩展性较低，相似性的计算随着用户的增多而增大，难以在数据量过大的情况下使用；三是冷启动的问题，冷启动是指在没有足够的评分数据时，系统难以为没有评分历史的用户产生推荐结果，也难以对未被评分的项目进行推荐。

基于项目的协同过滤的不同之处是通过用户对项目的评分矩阵来计算项目之间的相似度。例如：若用户A同时消费项目X、Y，则推断项目X和Y具有一定的相似性；如果用户B消费了项目X，则可以将项目Y推荐给B。相比于计算用户之间的相似度，项目之间的相似性要稳定很多，因此大量的计算可以离线完成，从而提高推荐的效率和稳定性。与基于用户的协同过滤相同的是，基于项目的协同过滤同样也会面临数据稀疏性和冷启动的问题。

2. 基于模型的协同过滤

基于模型的协同过滤同样是利用用户的评分信息。不同于基于内存的协同过滤，这种方法是在获取到足量的用户评分信息后，在线下通过机器学习等建模方法来建立用户的兴趣模型，当在线应用时只需要通过建立好的用户兴趣模型为用户进行推荐即可。建模中常用的方法有贝叶斯网络模型、基于聚类的模型和基于降维的模型等。这种方法的缺陷在于：首先，由于用户的模型需要在线下提前建立，因此前期需要较大的用户评分数据以确保模型的准确性，这也导致了用户兴趣模型不能根据用户的兴趣迁移实时更新，且更新用户兴趣模型需要付出较大的计算成本；其次，这个方法中有较多需要调整的参数，也使得算法的应用受到一定的限制。

总的来说，协同过滤算法由于不需要对用户具体信息和项目内容进行深入的了解和分析，只需要根据用户对项目的评分即可做出推荐，因此获得了广泛应用。

（二）基于内容的推荐

基于内容的推荐，其假设是过去喜欢某些项目的人，将来也会喜欢相同类型的项目。不同于协同过滤依据用户项目评分来计算项目的相似度，基于内容的推荐根据项目本身的内容特征进行分析进而探索项目之间的相似度。因此，基于内容的推荐算法会受到推荐项目所选特征的限制。

许多推荐系统利用基于内容的推荐方式为用户提供服务。例如，StubleUpon是一个帮助用户浏览网页的推荐系统。在该系统中，通过页面内容与用户历史行为向用户推荐合适的Web页面。多数基于内容的应用案例都是作用于文本内容、文本元数据或元描述，这是因为文本信息可以被自动解析和分类。对于其他类型的媒体，如音频、视频和图片等，目前仍然没有统一的自动分类技术。在大多数情况下，这些类型的媒体都是手动分类的，这需要消耗大量的时间和资源，使得基于内容的推荐系统不适用于存储大量多媒体信息的动态环境。随着技术的发展，这个局面正在得到解决，比如Last.Fm就是音乐领域基于内容的推荐系统的成功应用案例。

（三）其他推荐算法

人口统计过滤，使用年龄、性别、教育水平等人口数据来确定用户类别。基于人口统计信息对用户进行分类操作较为简单，并且由于不涉及用户的具体行为，因此不存在冷启动的问题。人口统计过滤也有劣势：一方面，由于网络隐私问题，目前很难收集到足够的人口统计信息，这限制了人口统计过滤的使用；另一方面，人口统计的过滤结果不容易有较大的用户区分度。虽然人口统计过滤算法有较大的局限性，但是它经常可以作为一种加强技术与其他推荐算法结合使用，以获得更好的推荐质量。

基于知识的过滤，使用关于用户对项目的认知来推断哪些项目满足用户的需求，并生成相应的建议。一种特殊类型的基于知识的过滤是基于约束的推荐系统，它能够推荐购买次数很少并且有较多约束要求的项目，比如房子、汽车等。对于购买次数极少的项目，由于无法获取到足够的用户行为数据来做出推荐，常常可以使用基于知识的过滤推荐算法。此算法的优势在于实时性好，推荐对于用户信息的需求少，不存在数据的稀疏性和冷启动的问题。但此算法的缺陷在于奇异发现能力有限，知识的获取、聚合和数据库的构建和管理方面存在难度。

每个推荐算法都有相应的优势与不足，在实际应用中有时较难满足单一算法的启动条件，因此学者们开始探究将两种或多种推荐算法结合在一起，以弥补单一算法的限制，获得更好的应用效果。这种结合构成了一种新型的推荐系统，称为混合推荐系统。

Burke将混合方式分为7类：加权法，用每个推荐方法分别做出预测结果，然后加权合并成一个预测结果；条件触发法，根据条件触发不同推荐方法，在满足一定条件时，用对应的推荐方法进行预测；混合预测，将每种推荐方法的预测结果混合，共同呈现给用户；特征组合，单个预测算法具有不同推荐技术的特征；级联组合，即一种推荐技术的输出被另一种推荐技术细化；特征增强，指一种推荐技术的输出被另一种推荐技术补充；元层次法，指一种推荐技术产生的整个模型被另一种推荐技术利用。这是混合推荐系统最早期的研究成果之一，至今仍然涵盖大多数算法混合方式。

二、媒体产品的个性化推荐

媒体产品是个性化推荐的一个很大的应用领域。个性化推荐概念的提出即伴随着在媒体领域的应用，其在媒体产品中应用最广泛的领域是电影，其次是教育和电子学习领域，此外在音乐、电视节目、新闻等领域也有不少的研究与应用。

电影领域是个性化推荐最早涉猎的领域之一。最早的研究案例是美国明尼苏达大学研究小组制作的Movielens电影推荐系统。在这个研究中，用户被要求对自己看过的电影进行评分。研究人员随后对用户的评分结果进行分析，并预测出用户对未看过的电影的兴趣度，从而向他们推荐未看过但可能感兴趣的电影。类似的推荐系统还有Cinema Screen Recommender Agent系统。这个系统根据演员、导演、电影类型等内容特征扩展和调整协同过滤的结果，在解决冷启动问题的同时优化了推荐效果。

个性化推荐在教育和电子学习领域的应用研究也较为普遍，CoFIND系统基于资源内容和学习者的特性来为学习者做相关的资源推荐。Haruna K等人设计了基于协同过滤的方法论文推荐系统，利用公开可用的上下文元数据来推断论文之间存在的隐藏关联，从而进行个性化推荐。

在新闻推荐领域，GroupLens是一个针对网络新闻的个性化推荐系统，它通过用户提供的评分建立用户的兴趣模型，使用协同过滤算法为用户推荐感兴趣的新闻。Daniel Billsus等人设计了一种智能代理，通过多策略机器分析用户的喜好和兴趣，为个人用户推荐每日新闻节目。类似的新闻推荐系统还有News Weeder、News Dude等。

个性化推荐媒体产品中应用较多的领域还有音乐推荐领域。Ringo系统累积了大量音乐的评价，用户加入系统时提供自己对部分音乐的评价，系统即可根据这些评价将系统中其他相似用户喜欢的音乐进行推荐。Flycasting通过协同过滤算法，根据实时在线用户的历史偏好信息调整音乐播放列表。

三、电视平台上的个性化推荐

数字电视的普及以及越来越多的电视节目，使得用户在数百个电视频道中选择自己喜欢的内容成为一项耗时的工作，因此针对电视节目推荐的研究逐渐增多。

有学者对电视用户行为进行分类，通过分类为用户进行个性化推荐。例如，Hyejeong Lee等人提出了一种针对数字电视频道选择列表排序的个性化推荐方案。通过分析用户的观看行为和频率，提取出最近选择的节目和最常选择的节目两个节目列表，用这两个节目列表控制频道选择列表自顶向下的节目排序。将最近选择节目和最常选择节目的推荐方案与传统的频道选择方案进行比较可以发现，所提出的方案可使数字电视频道选择器寻道成本降低62.8%。但是，通过最近选择节目和最常选择节目两个类别区分各个频道的分类方法虽然能产生一定的个性化推荐效果，但只能推荐用户选择过的节目，并不能为用户发现可能感兴趣的新节目。

类似的还有Ardissono等人提出的个性化电子节目指南，它采用了为机顶盒设计的操作系统，该系统由显式偏好专家、定型专家和动态专家三个用户建模模块组成。显式偏好专家处理用户在初始设置期间声明的首选项；定型专家根据系统已知的用户个人数据和用户所陈述的明确偏好，将个人用户进行划分；动态专家分析用户的观看行为，并在此基础上建立和调整用户的观看行为模型。这种将算法与分类相结合的推荐方式将电视节目导航按照目的区分为四个列表，为用户的电视节目选择提供帮助，用户可以根据个人偏好选取相应标签以获取节目列表。

另一种推荐方式是Cotter等人开发的名为PTV的电视节目推荐系统。PTV推荐系统利用基于内容的推荐技术和协同过滤技术对用户的偏好进行动态预测。基于内容的推荐技术利用用户注册时填写的偏好信息来为用户推荐节目；基于协同过滤的推荐方法则使用用户对节目的评分来寻找相似用户，提取相似用户喜欢的电视内容来向用户个性化推荐电视节目。这一方式已经是较为成熟的个性化推荐方法，随后的大多数推荐算法研究都与这一方法类似。比如Martínez ABB等人设计了一个基于Web2.0的应用程序queveo.tv，并对给用户推荐时的信息呈现方式作了改进。这个程序同样使用基于内容推荐与协同过滤推荐相结合的混合推荐方法。利用基于内容的推荐方式分析节目信息，给出推荐结果；利用协同过滤算法分析用户对电视节目的评分，给出推荐结果。之后，将这两个结果进行混合排序，推荐给用户。值得一提的是，在系统中用户不仅能够看到自己的推荐列表，还能看到节目被推荐的原因，这增加了用户对推荐结果的信任度。

上述个性化推荐系统虽然都能够为用户提供电视节目个性化推荐，但和最初的电影推荐系统类似，都要求用户主动提供个人偏好或对节目进行评分。主动评分势必会增加用户的负担，因此后续又发展出基于用户行为挖掘的推荐系统。虽然不需要用户主动提供评分的推荐系统在电子商务和Web领域早有应用，却并不能简单套用到电视节目的个性化推荐中。原因在于，电子商务和Web领域以文本信息为主，文本信息通常只考虑用户是否看过，至于在该信息上投入多少时间一般不作统计。但是电视节目往往需要用户看过之后才知道自己是否感兴趣，单纯考虑用户是否看过是不具有实用价值的。学界普遍认同的观念是，用户在某一节目上投入时间的多少，能够准确反映他对该节目的感兴趣程度。因此，需要根据这个假设基础进一步设计基于用户收视行为的兴趣模型来为电视节目的个性化推荐奠定基础。

Yu-Cheng Chen等提出了一种基于社区的电视节目个性化推荐系统。系统将具有相似观看习惯的用户分类到同一个社区，将每一个小时分成一个阶段，每个阶段根据用户的过往行为，在社区服务器进行计算，向用户推荐合适的电视节目，减少用户搜索电视节目的时间。用户不需要手动输入额外的数据或首选项。实验结果显示从使用的第三个月开始，推荐结果趋于稳定且能够保证较好的推荐效果。

电视节目的个性化推荐在学者的不断探索中逐步优化，但针对OTT平台个性化推荐的高质量文献显著缺乏。究其原因是OTT出现时间不长，并且在国内只有广电认可的牌照商才有获取电视节目的资格。因此，伴随OTT的逐渐普及，结合电视节目推荐的成熟经验，探索符合OTT特点的电视节目个性化推荐变得极为必要。

第三节 基于智能大屏平台的个性化推荐模型

建立基于智能大屏平台的视频节目个性化推荐系统，必须充分考虑智能大屏的一些特点：

第一，用户结构多样性强。大屏和小屏的用户群体是不同的，相较于小屏针对单一用户的模式，智能大屏面向的用户则更加多样，可能是个人、家庭、几个不相识的租客等。多用户在同一屏幕上进行操作，因此记录的用户行为信息往往体现的是一个群体中多个用户的兴趣合集。

第二，用户行为数据丰富。用户的所有观看行为都通过智能大屏平台发生，因此在平台中能够收集到大量的用户行为数据，如用户收看的节目名称、频道、收看时间、收看时长等。这些数据被系统记录下来并作为个性化推荐的依据。

第三，行为信息收集不全面。智能大屏平台是开放的系统，在系统中用户可以根据自己的需要安装应用。用户在打开电视机时，首先会进入平台首页，通过首页进入各个模块与应用，用户在基础系统中的行为数据可以被记录。但是，用户从平台进入其他应用后的行为数据则由应用提供方所记录，平台本身是无记录权限的。这导致了用户在平台上的行为信息被多个平台方掌握，数据不互通，就难以全面地收集到用户所有的行为数据。

第四，缺少用户信息。目前，很多智能大屏平台没有记录用户的基本信息，如性别、年龄、职业、爱好等。即使一些系统中存在这些数据，也只是由某一个家庭成员填写的个人信息，不能代表整个家庭的情况。

第五，交互性差。目前智能大屏的交互方式主要还是遥控器，虽然部分智能大屏配备了语音交互功能，但仍然无法解决电视交互性差的现状。由于交互性差，在智能大屏平台中收集用户的具体信息以及对于视频节目的显示评分就显得尤为困难。

通过以上特点可以看出，在智能大屏节目推荐系统中，推荐方法的选择有着较多的局限性。由于缺少用户的具体信息，无法使用基于人口统计推荐的方法。若要在智能大屏平台上运用基于内容的推荐算法，主要难度在于建立用户与项目的描述模型。平台的项目是视频资源，对于视频资源而言，其属性特征根据视频类型的变化会有所不同；不仅如此，用户选择某一视频节目与其对视频属性要求之间的相关性也因人而异，难以准确用模型进行描述。对于基于知识的过滤推荐，同样存在用户信息和需求获取困难的情况。综合比较之下，智能大屏平台拥有丰富的用户行为数据，协同过滤算法的适用性更强。因此，本文尝试开发了基于智能大屏平台的视频节目个性化推荐模型。模型主要由四个模块组成：数据预处理模块、协同过滤推荐模块、隐式评分获取模块以及推荐结果生成与评价模块。

一、数据预处理模块

数据预处理模块的主要任务是将大屏平台收集到的用户行为数据和视频节目详情数据进行清洗、提取，从众多数据属性中抽取算法需要的维度，以进行后续的计算。

本研究的数据基础是用户在智能大屏上的行为数据。在大屏中，用户对视频资源的行为主要有浏览、搜索与收看。其中，收看行为还包括收看点播和收看直播两种行为。

研究所用到的具体数据集分为两部分：第一部分为企业数据，数据集为勾正数据提供的在全国范围随机抽取到的10万户家庭，在2019年6月于OTT平台上的全部收视行为。用户在OTT平台的收视行为数据包含为每个家庭创建的唯一ID、所收视节目的ID、所收视节目名称、用户观看该节目的起止时间等，对于直播节目，数据还记录了该节目实际播放的起止时间。该数据是本研究的基础性数据。第二部分为网络爬虫数据。网络爬虫数据根据用户在OTT上的点播行为，获取点播的视频节目名称，在网络上爬取了该视频的总时长。爬虫数据的属性有视频名称和视频总时长两项。这部分数据是第一部分数据的补充，补充原因是在获取隐式评分时需要视频的视频总时长作为基础，而第一部分数据中并未包含这些数据。

在数据清洗过程中，我们去除了数据中因格式错误无法计算的数据以及在网络爬取时点播视频节目总时长为0的错误数据。之后，将所有数据进行整理，建立用户行为数据表如表39所示：

表39　用户行为数据说明

属性	属性说明
UserID	用户编号
Behave	1直播，2点播
User-time	用户本次收看行为时长
Item	收看视频节目资源名称
Item-time	收看视频节目资源总时长

其中，UserID是用户的标识码，具有唯一性，使用加密后的标识码来代表用户，避免用户信息泄露等问题；Behave是用户的收视行为分类，1表示用户该行为发生在直播观看情境下，2表示该行为发生在点播观看情境下；User-time是用户的收视时长，由于基础数据的精确度为分钟级，因此数据格式统一以分钟为单位表示；Item为用户收看到的视频节目资源的名称，名称不包括集数，只有视频标题；Item-time是用户观看这一视频节目的总时长，与用户收看行为统一以分钟为单位。

二、协同过滤推荐模块

对于协同过滤算法，应用的主流方式是基于邻域的算法，主要包含基于用户的协同过滤算法和基于项目的协同过滤算法。基于邻域的两种主流算法流程上主要有两部分的内容，首先是根据输入的“用户-项目”评分矩阵计算相似度，其次是预测评分。本研究将分别对这两种算法进行模型建立与数据实验，对比二者的推荐结果，以测试更适合智能大屏的协同过滤推荐方式。

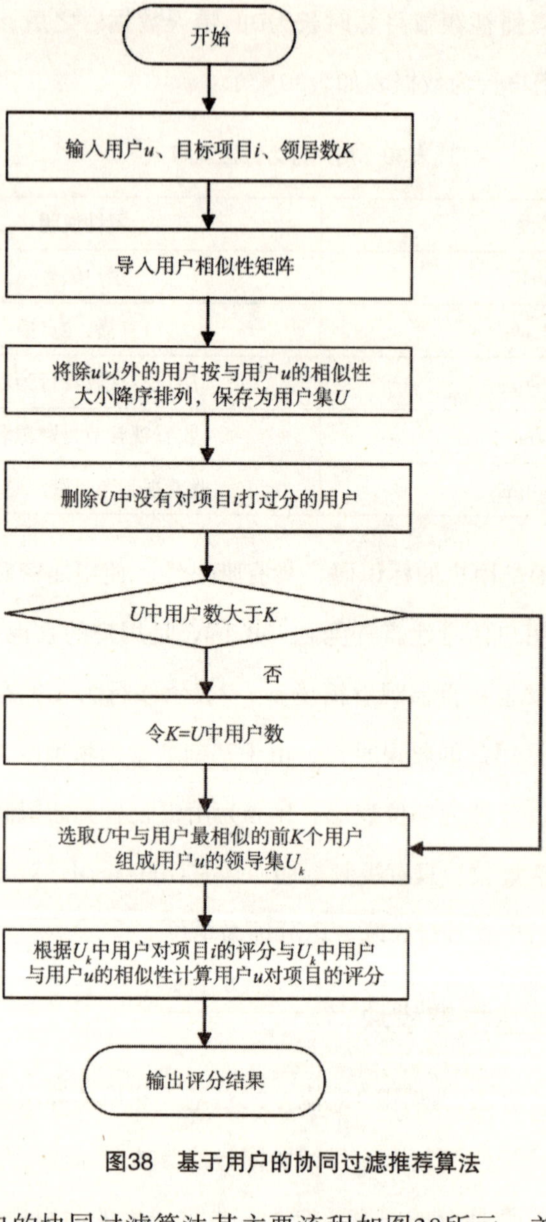

图38　基于用户的协同过滤推荐算法

基于用户的协同过滤算法其主要流程如图38所示。首先，输入用户u与目标项目i，根据“用户-项目”评分矩阵表，计算出用户的相似度。将除了u以外的用户按照相似度的大小降序排列，保存为用户集合U。随后，删除掉集合U中没有对项目i打过分的用户。判断此时用户集合U中的用户数是否大于所设定的近邻数量K，如果大于K那么就选择与用户U最相似的前K个用户组成用户u的邻居集，如果用户集合U中的用户数小于等于K，那么令K等于U中的用户数，生成用户u的邻居集。最后，根据U中的用户对项目i的评分和这些用户与用户u的相似度来计算出用户u对项目i的预测评分，输出到预测评分列表中。

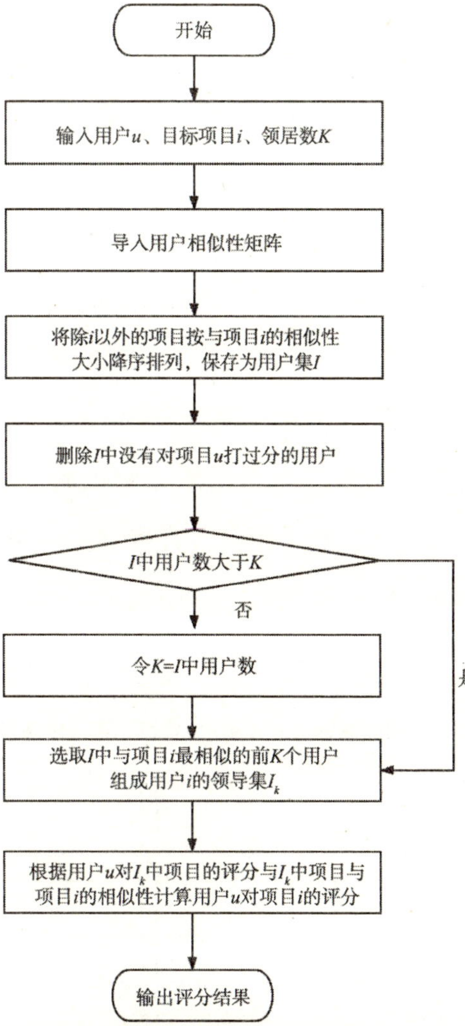

图39　基于项目的协同过滤推荐算法

基于项目的协同过滤算法主要流程如图39所示。首先，输入用户u与目标项目i，根据“用户-项目”评分矩阵表，计算出项目的相似度。将除了i以外的项目按照相似度的大小降序排列，保存为项目集合I。随后，删除掉集合I中没有被用户u打过分的项目。判断此时项目集合I中的用户数是否大于所设定的近邻数量K，如果大于K那么就选择与项目I最相似的前K个项目组成项目i的邻居集，如果项目集合I中的用户数小于等于K，那么令K等于I中的项目数，生成项目i的邻居集。最后，根据I中的用户u对这些项目的评分与这些项目与项目i的相似度来计算出用户u对项目i的预测评分，输出到预测评分列表中。

协同过滤算法是一种基于用户的历史行为对用户未来行为进行预测的算法。它不需要获取用户和项目的具体信息，而是以用户对已消费项目的评分来组成“用户-项目”评分矩阵，通过此矩阵来预测用户对于未消费项目的评分。协同过滤算法的具体步骤如下：

协同过滤算法首先需要通过系统数据来生成“用户-项目”评分矩阵。设用户集合$U=\{u_1,u_2,\cdots,u_m\}$，其中m表示用户数。项目集合$I=\{i_1,i_2,\cdots,i_n\}$，其中n表示项目数。R_{ij}表示用户i对项目j的评分。则“用户-项目”评分矩阵如表40：

表40　协同过滤算法的“用户-项目”评分矩阵表示

	i_1	i_2	…	i_n
u_1	R_{11}	R_{12}	…	R_{1n}
u_2	R_{21}	R_{22}	…	R_{2n}
…	…	…	…	…
u_m	R_{m1}	R_{m2}	…	R_{mn}

（一）用户评分的获取

用户评分的获取有两种方式：显式评分和隐式评分。

显式评分的含义是用户消费项目后提供自己对项目的主观评分。显式评分能够直观地表现出用户对项目的评分，并且能简化算法后续处理评分方面的流程，在电影的个性化推荐系统中应用较多。但显式评分也有较大的应用局限。首先，显式评分由于需要用户进行额外的操作以提交评分，因此并非所有用户都愿意参与点评。显式评分的准确度也一直受到质疑，原因是用户的评分有很大的主观性，有些用户偏向于打低分，即便对于较为满意的项目也不会给出较高的评分；而有些用户则偏向于打高分，给出的分数难以有区分度。有些用户在描述自己偏好时，会倾向于向自己想要成为的样子描述，描述受到个人认知的局限，往往会产生偏差。因此显式评分的应用范围并不广泛。

隐式评分是基于对用户观看习惯不引人注目的观察，根据用户的行为数据建立模型，自动提取出用户的兴趣偏好或者评分。使用隐式评分可以减少用户进行交互行为的工作量，不会为用户增加额外的负担，因此能够较为容易地获取行为信息。当然，隐式评分也有相应的局限性。首先，隐式评分的数据收集过程不受用户主观控制。例如，在观影行为数据的收集过程中，只能假设用户在影片播放过程中始终都在聚精会神地观看影片，显然事实并非如此。隐式评分的获取不能考虑到在观影过程会出现的各种状况，因此可能会出现较大的偏差。其次，在实际应用中，将用户行为准确映射到用户的偏好或评分上，要根据实际的应用情况进行全新的数据分析与模型建立，这也是隐式评分应用最大的难题。此外，由于隐式评分是通过持续积累用户的行为信息，通过用户所有的历史行为信息构建用户的兴趣模型，因此它难以对用户兴趣的突然变化做出响应。

用户评分的获取方式要根据推荐系统的实际数据获取情况进行选取。若用户的评分信息获取较为容易，如一些专门的影评收集平台，则可以运用显式评分的方式。若用户主动评分率很低，那么显式评分就不适用。此时需要通过能够获取到的其他用户信息，采用隐式评分获取到“用户—项目”的评分矩阵。

对于智能大屏而言，OTT平台搭载在电视大屏端，交互性较弱，难以获取用户的显示评分；同时，由于OTT记录了大量的用户历史行为数据，隐式评分则更适用于OTT平台的用户评分。

（二）相似度计算

在协同过滤算法中，若使用基于用户的协同过滤算法则需要计算用户间的相似度，若使用基于项目的协同过滤算法则需要计算项目的相似度。余弦相似度是推荐系统中最为常见的相似度计算方法，它是将项目表示为向量形式，通过度量两个向量在空间上的夹角余弦值来度量它们的相似度。在协同过滤算法中，一般将用户对项目的评分作为特征向量。

在基于用户的协同过滤算法中，用户u和用户v的余弦相似度计算的公式如下：

$$sim(u,v)=\frac{\sum_{k\in I_{u,v}} R_{u,k}R_{v,k}}{\sqrt{\sum_{k\in I_u} R_{u,k}^2}\sqrt{\sum_{k\in I_v} R_{v,k}^2}} \qquad \text{公式（9）}$$

其中，$R_{u,k}$表示用户u对项目k的评分，$R_{v,k}$表示用户v对项目k的评分，I_u表示用户u已评分的项目集合，I_v表示用户v已评分项目的集合，$I_{u,v}$表示用户u和用户v共同评分的项目的集合。

在基于项目的协同过滤算法中，计算项目m与项目n的余弦相似度的公式如下：

$$sim(m,n)=\frac{\sum_{k\in U_{m,n}} R_{k,m}R_{k,n}}{\sqrt{\sum_{k\in U_m} R_{k,m}^2}\sqrt{\sum_{k\in U_n} R_{k,n}^2}}$$ 公式（10）

其中，$R_{k,m}$表示用户k对项目m的评分，$R_{k,n}$表示用户k对项目n的评分，U_m表示对项目m已评分的用户评分集合，U_n表示对项目n已评分的用户评分集合，$U_{m,n}$表示对项目m与n共同评分的用户评分集合。

余弦相似度计算中，向量夹角越小，相似度计算结果值越大，两个向量之间越相似。相比于单纯计算两点间直线距离的欧式距离计算方法，余弦相似度的侧重点为两个向量方向上的差异。但余弦相似度的不足之处在于，只能分辨两个向量方向上的差异，没法表示出在某一个方向上数值的差异。例如，在五分制评分中，用户A对项目X、Y为（1，2），用户B对项目X、Y的评分为（4，5）。通过计算可得，用户A、B之间的余弦相似度为0.98，接近于1，用户A、B相似度很高。但主观上从评分可以看出，用户A对项目X、Y的评分均为低分，而用户B对项目X、Y的评分均为高分，显然用户A与用户B的喜好并不相同，也就是说，A、B两个用户并不相似。这便是余弦相似度只对向量方向敏感而不注重每个方向上的大小而导致的误差。

为了弥补余弦相似度对向量方向上数值大小的不敏感性，便出现了修正的余弦相似度计算方式。修正的余弦相似度计算方法在计算过程中引入了用户评分的平均值，来平衡用户评分在数量上的差异。利用修正余弦方法计算用户间相似性的公式如下：

$$sim(u,v)=\frac{\sum_{k\in I_{u,v}}\left(R_{u,k}-\overline{R}_u\right)\left(R_{v,k}-\overline{R}_u\right)}{\sqrt{\sum_{k\in I_u}\left(R_{u.k}-\overline{R}_u\right)^2}\sqrt{\sum_{k\in I_v}\left(R_{v.k}-\overline{R}_u\right)^2}}$$ 公式（11）

其中，$\overline{R}_u$与$\overline{R}_v$分别代表用户u与用户v对全体项目评分的平均值。I_u表示用户u已评分的项目集合，I_v表示用户v已评分项目的集合，$I_{u,v}$表示用户

u和用户v共同评分的项目的集合。

基于项目的协同过滤算法中，计算项目m与项目n的余弦相似度的公式如下：

$$sim(u,v)=\frac{\sum_{k\in U_{m,n}}\left(R_{k,m}-\overline{R}_k\right)\left(R_{k,n}-\overline{R}_k\right)}{\sqrt{\sum_{k\in Um}\left(R_{k.m}-\overline{R}_k\right)^2}\sqrt{\sum_{k\in U_n}\left(R_{k.n}-\overline{R}_k\right)^2}} \qquad 公式（12）$$

其中，$\overline{R}_k$代表用户k对全体项目评分的平均值。U_m表示对项目m已评分的用户评分集合，U_n表示对项目n已评分的用户评分集合，$U_{m,n}$表示对项目m与n共同评分的用户评分集合。

可见，修正的余弦相似度避免了传统方法的问题，并且在对于向量的运算中也更加容易理解，因此本文选用修正的余弦相似度方法进行模型中的相似度计算。

（三）获取相似用户或相似项目

相似度计算能够得出用户或项目之间的相似度名单，每个用户与其他用户的相似度都可以用一个数值进行表示，每个项目与其他项目之间的相似度亦然。最常用的获取相似用户或项目的方式就是基于最近邻的方法。最近邻方法（KNN）的基本原理是从训练集的所有点中找到与测试点在距离上最近的k个点，k为预先设定值。找到k个点后，基于这些点进行预测。

最近邻方法本质上是一种基于训练数据对目标测试数据进行分类的机器学习算法。它通常用于求解分类问题，如文本分类、图像去噪等。对于集合$X=\{(x_1,y_1),(x_2,y_2),\cdots,(x_n,y_n)\}$，X中的每个元素包含一个点$x_i$和一个相关的类标签$y_i$，其中$1\leqslant i\leqslant n$。首先，计算X中所有点与测试点$x_t$的欧式距离，选择距离最近的k个点生成集合$S=\{(x_1,y_1),(x_2,y_2),\cdots,(x_k,y_k)\}$。其次，根据

S中的元素计算类标签的频率，然后将划分为频率最高的类。将后验概率最大的标签赋给x_t。

$$p(y_t \mid x_t) = \frac{p(x_t \mid y_t)p(y_t)}{p(x_t)} = \frac{k_t}{k} \qquad \text{公式（13）}$$

原理如图40所示。在图40a中，黑点为已知数据，白点为测试点。已知k=3，在图40b中，KNN找到距离测试点最近的3个黑点。在图40c中，A和B分别为已知数据的类别。

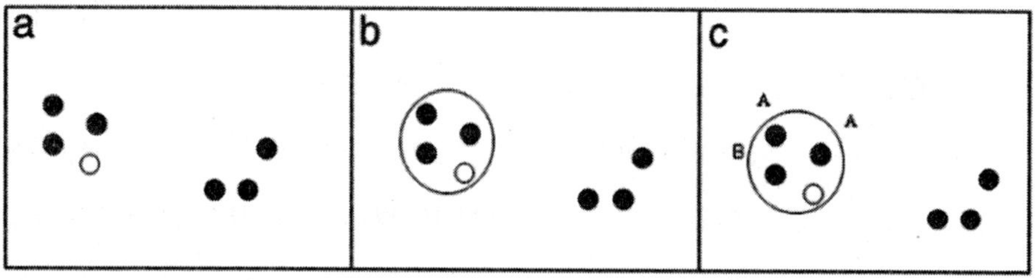

图40　KNN算法示意图

具体原理解释为，k是一个设定值，表示希望找到的与测试点最近的点的个数。设定k=3，图40a中已知数据为黑点，测试点为白点。在图40b中，由于k=3，找到离测试点最近的3个点。然后KNN将后验概率最大的标签A赋值到测试点，如图40c所示。

（四）计算评分

在基于用户的协同过滤推荐中，计算评分就是根据用户的邻居集合来预测用户对未评价过的项目的评分。计算的公式主要有以下两个：

$$R_{u,i} = \frac{\sum_{v \in KNB} sim(u,v) R_{v,i}}{\sum_{v \in KNB} (sim(u,v))} \qquad \text{公式（14）}$$

$$R_{u,i}=\overline{R}_u+\frac{\sum_{v\in KNB} sim(u,v)\times\left(R_{v,i}-\overline{R}_v\right)}{\sum_{v\in KNB}\left(sim(u,v)\right)}$$ 公式（15）

其中，$R_{u,i}$表示用户u对项目i的预测评分，KNB为用户u的邻居集合，sim（u,v）为用户u和用户v之间的相似度，$R_{v,i}$为用户v对项目i的评分值，$\overline{R}_u$为用户u对已评分项目的评分均值，$\overline{R}_v$为用户v对已评分项目的评分均值。

第一个公式的本质为加权评分，它的一个劣势是没能考虑到用户评分标准的差异。第二个公式是第一个公式的改进版，它将不同用户的评价标准引入到相似度计算过程中，进而能够提高预测的精度。

同理，在基于项目的协同过滤推荐算法中，获得未评分项目的邻居集合后，目标用户对该项目的评分就可以根据目标用户对其邻居项目的评分来预测，公式为以下两个：

$$R_{u,m}=\frac{\sum_{n\in KNB} sim(m,n)R_{u,m}}{\sum_{n\in KNB}\left(sim(m,n)\right)}$$ 公式（16）

$$R_{u,m}=\overline{R}_m+\frac{\sum_{n\in KNB} sim(m,n)\times\left(R_{u,n}-\overline{R}_n\right)}{\sum_{n\in KNB}\left(sim(m,n)\right)}$$ 公式（17）

其中，$R_{u,m}$表示用户u对项目m的预测评分，KNB为用户m的邻居集合，sim（m,n）为项目m与项目n之间的相似度，$R_{u,n}$为用户u对项目n的评分值，$\overline{R}_m$为项目m所获得的评分的均值。

（五）推荐项目

基于评分为用户提供推荐服务时，一般使用的方法是TOP-N推荐。TOP-N推荐就是根据“用户-项目”评分的预测矩阵来选出用户预测评分最高的前k个项目，为用户做个性化推荐。k的选取要根据实际的情况进行，例如在视频节目播放平台的推荐名单中，可以根据k的不同取值带来的推荐结果的变化来选取能带来最高准确率的k值，同时也要考虑推荐页面的承载能力和美观度。

三、隐式评分获取模块

隐式用户评分获取模块利用预处理后的用户行为数据，通过计算得到“用户–项目”评分矩阵，作为协同过滤的输入数据。系统执行流程如图41所示：

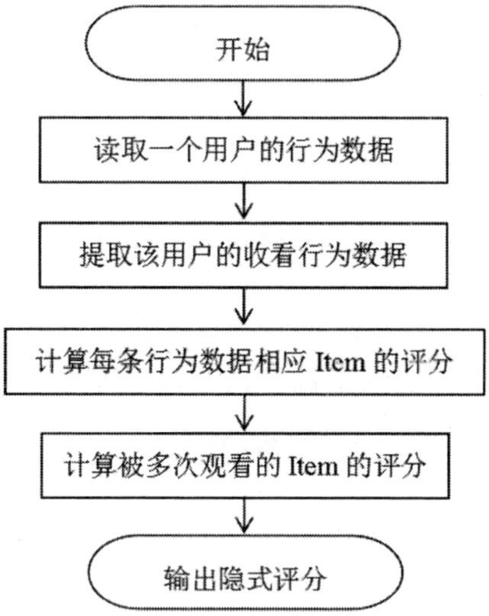

图41　系统隐式评分流程

隐式评分的获取所用到的模型被统称为隐语义模型，它的核心思想是通过数据的隐含特征来联系用户兴趣与项目。在协同过滤算法中，“用户–项目”的评分矩阵是推荐算法的基础，对推荐结果起着至关重要的作用。因此，隐式评分的获取模型有以下几个要求：首先，要保证用户模型必须能够准确地描述用户的兴趣，这样才能保证推荐结果的质量。其次，由于推荐的实现依赖于计算机平台，因此隐式评分的获取模型必须保证可编程计算实现。

隐式评分模型的研究有很多经典的方法，这些方法模型在本质上是相通的，都是利用足够的用户训练集进行数据挖掘，以获得用户的偏好模型，如隐式类别模型（Latent Class Model）、隐式主题模型（Latent Topic Model）和矩阵分解（Matrix Factorization）等。

然而在实际应用中，隐式评分经常面临的一个问题是数据集中只有正样本（用户喜欢什么项目），而没有负样本（用户对什么项目不感兴趣）。

对于这个问题，Rong Pan在文章中进行了深入探讨，他对比了如下几种方法：

a：对于一个用户，用他所有未选择过的项目作为负样本。

b：对于一个用户，从他未选择过的项目中均匀采样出一些项目作为负样本。

c：对于一个用户，从他未选择过的项目中采样出一些项目作为负样本，但采样时，保证每个用户的正负样本数目相当。

d：对于一个用户，从他未选择过的项目中采样出一些项目作为负样本，但采样时，对不热门的项目采样点权重设置更大。

Rong Pan在文章中表示，方法c能产生更优的样本；方法b次之；方法d的模型过于复杂；而方法a得到的负样本太多，正负样本数目相差悬殊，最终结果的精度也很差。因此，对负样本采样时应该遵循一个基本原则，即对每个用户要保证正负样本的数目相似。

基于智能大屏的隐式模型建立的基本假设条件为：用户在一个视频节目上投入时间的多少反映了用户的满意度。类似在商品推荐领域，用户花钱购买了商品代表付出了金钱；在视频推荐领域，金钱被时间成本所取代。用户收看视频的时长越长，付出的时间成本就越高，也就说明用户对该视频的兴趣越大。

这里引入满意度来衡量用户对某一视频的感兴趣程度。用户的观看时长与对视频的满意度评分成正比关系，对该视频越感兴趣，满意度越高，相应的分值也就越高。

基础的隐式评分公式如下：

$$p=\frac{l}{L} \qquad \text{公式（18）}$$

其中，p表示该观看行为为用户带来的评分，l是用户对该视频的收看时长，L表示该视频的总时长。

对于智能大屏，有时会出现用户多次收看一个项目的情况，如一个电视剧有很多集，在行为记录中就会显示为用户多次收看该剧。此时的评分p为每次收看所得到的单次评分的加权平均，因此，改进后的隐式用户评分公式如下：

$$p=\frac{\sum_{i=1}^{n}\frac{l_n}{L_n}}{n} \qquad \text{公式（19）}$$

其中，n为该视频节目的观看总次数，l_n为第n次观看该节目的时长，L_n为第n次观看行为所对应的视频节目的总时长。

基于这个假设，智能大屏用户的样本描述可以将正负样本看作满意度的大小。用户选择该视频节目且看完则为一个正样本，表示用户喜爱该视频；而用户选择了该视频节目但观看时间很短便退出则为一个负样本，表示用户不喜爱该视频。

一个好的隐式评分模型要在保证可行性的同时，根据平台的具体特征而制定，既能发现相似用户，又能区分兴趣差别较大用户的全面的隐式评分策略。根据推测，用户对视频的满意度并不一定与其观看时长成线性关系。在这里引入置信度的概念。根据收视习惯，用户满意度分布在0和1周围时，满意度的置信度最高。按照常理分析来看，用户看到不喜欢的视频节目会快速判断不感兴趣并退出；而用户非常喜欢一个视频节目，则会完整地观看。但中途退出的原因难以一概而论，因此置信度较低。引入置信度函数$f(p)$公式如下：

$$f(p)=cos\left(\frac{p\pi}{100}\right)^2 \quad \text{公式（20）}$$

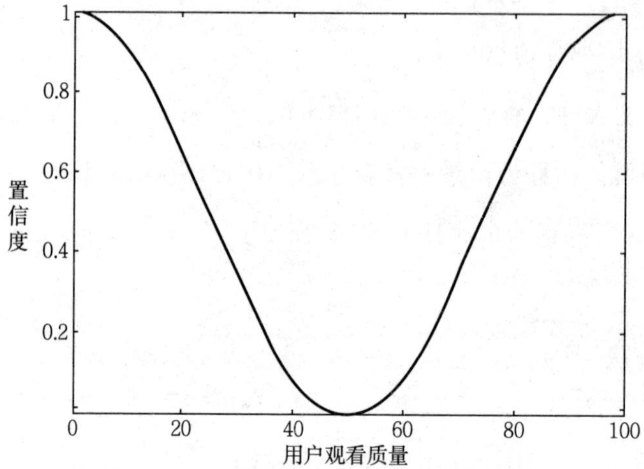

图42　置信度函数的图形表示

如图42所示，该函数表示用户满意度越趋于两端，收看质量所代表的喜好程度越可信。由此可得到评分公式如下：

$$P=f(p)\times p \quad \text{公式（21）}$$

不仅如此，视频节目的总时长也会对用户收看行为造成一定的影响。片花、宣传片和短新闻的时长一般在3分钟左右，而电影的时长有时长达3

小时。视频时长不同也会影响观看的满意度得分。短视频观看耗时较短，用户很容易看完，因此用户发现不感兴趣时可能该视频已经播放结束；如果视频本身时长过长，用户更容易因其他琐事而打断收视，从而产生中途退出的行为。因此，现有的评分方式对于视频总时长相差较多的情况显得不够完善。因此引入视频长度标量概念。评分公式为：

$$P = log_{30}(L) \times p \qquad \text{公式（22）}$$

其中，30为视频的长度标量，为设定值。此公式设定了视频的总时长对隐式评分的影响。当视频本身的时长大于视频长度标量时，公式对用户的隐式评分起正向调整作用，即评分值加强；当视频本身的时长小于视频长度标量时，公式对用户的隐式评分起负向调节作用，即评分值减弱。由此，用户的隐式评分公式为：

$$P = cos\left(\frac{p\pi}{100}\right)^2 log_{30}(L) \times p \qquad \text{公式（23）}$$

在系统中，考虑到用户会有重复观看行为，因此对数据的处理按用户进行。对于用户重复观看的行为，将所有评分进行加权平均。最终得到评分公式为：

$$P = \sum_{n=1}^{N}\left(cos\left(\frac{p\pi}{100}\right)^2 log_{30}(L) \times p\right) \qquad \text{公式（24）}$$

四、推荐结果生成与评价模块

推荐结果生成采用最常用的TOP-N方法，为用户推荐评分最高的前N个项目。主要流程如下：输入项目i，获取用户u的评分结果矩阵，将评分结果按从大到小的顺序排序，取前N个项目，输出项目推荐列表。常用的评价指标包括准确率、召回率、覆盖率和流行度。

（一）准确率

准确率（Precision）是用户在推荐列表中实际选择的节目数占推荐节目总数的比例。准确率表示的是推荐结果是否准确。公式如下：

$$Precision=\frac{\sum_{u}|R(u)\cap T(u)|}{\sum_{u}|R(u)|} \qquad \text{公式（25）}$$

其中，$R(u)$表示对用户u推荐的N个项目的集合，$T(u)$表示用户在测试集上喜欢的项目的集合。

通常来说，准确率越高，代表推荐效果越好。准确率确实是一个很好很直观的评价指标，但有时候准确率高并不能代表一个算法就好。在正负样本不平衡的情况下，准确率这个评价指标有很大的缺陷。比如在互联网广告里面，点击的数量很少，一般只有千分之几，如果用准确率进行评价，即使全部预测成负类（不点击），准确率也能够达到99%以上。但这样的准确率显然是没有意义的。因此，单纯靠准确率来评价一个算法模型是远远不够科学全面的。

（二）召回率

召回率（Recall）是用户在推荐列表中实际选择的项目数占用户在测试集中选择的项目总数的比例。召回率是对准确率的一种补充，表示推荐的结果是否足够全面，是否能尽可能多地覆盖到用户观看的项目。召回率的公式如下：

$$Recall=\frac{\sum_{u}|R(u)\cap T(u)|}{\sum_{u}|R(u)|} \qquad \text{公式（26）}$$

其中，$R(u)$表示对用户u推荐的N个项目的集合，$T(u)$表示用户在测试集上喜欢的项目的集合。一般来说，召回率越高表示推荐的结果越全面。

召回率和准确率在理想状况下都是越高越好，然而准确率和召回率在实际的推荐结果评价中很难保证都有较高的结果。如果算法模型的目的是覆盖更多的项目，那算法就更大胆，也就更有可能预测错误，在这种情况下召回率较高的同时会损失掉一定的准确率；如果算法模型只对较为确定的项目做出预测，那么预测的准确率会很高，虽然预测结果更精准，但是相应地也会损失掉一定的召回率。

（三）覆盖率

覆盖率（Coverage）的含义是所有被推荐的项目占总项目数的比例，也就是计算在资源库中有多少项目被算法纳入了推荐。具体计算方法如公式（27）所示：

$$Coverage = \frac{|\bigcup_{u \in U} R(u)|}{|I|} \qquad \text{公式（27）}$$

覆盖率的大小反映了推荐算法对所有项目的应用能力，覆盖率越高，说明推荐算法能够将越多的项目推荐给用户。相反，覆盖率越低说明算法在无法充分利用资源库中的项目进行推荐，只是将头部项目推送给所有用户。

对于一个推荐系统而言，理论上讲覆盖率越高越好。例如在商品推荐中，每个商品供应商都希望自己的产品在推荐列表之中，因此一个好的个性化推荐系统不仅要有较高的用户满意度，还要有较高的覆盖率。

（四）流行度

项目的流行度（Popularity）的含义为项目评分的用户占总用户数的比值。在评价推荐结果的流行度时，通常使用所有节目流行度的加权平均值来代表推荐结果的流行度。具体计算方式如公式（28）所示：

$$Popularity=\frac{1}{n}\sum_{i=1}^{n}\frac{r_i}{R}$$ 公式（28）

其中，n为一组推荐项目集合的项目数。r_i表示项目i的评分人数，R表示数据集的总人数。

流行度越高代表推荐的项目越热门，流行度越低代表推荐结果越冷门。流行度也可以衍生为新颖度，含义是为用户推荐的项目是否能给用户带来惊喜，是否是用户从前没有发现的项目。因为越冷门的项目越有可能令用户觉得新颖，因此一般来说流行度的值不宜过高。过高的流行度表示算法只是将最热门的项目推荐给用户，没能发掘用户之间的偏好差异，也没有充分推荐资源库中大量的长尾资源。

第四节　结果分析

本研究采用离线实验方法生成推荐结果，使用Python语言编程实现。在协同过滤推荐模型的基础上，设计了几组对比实验以探究协同过滤算法的不同设计方式在智能大屏平台的实际应用效果。

一、基于隐式评分的推荐效果分析

实验数据为勾正数据OTT平台2019年6月的用户直点播数据集，隐式评分方式使用公式（14）计算。基础算法为基于用户的协同过滤与基于项目的协同过滤，计算在不同K值下各数据集所产生的推荐准确率、召回率、覆盖率以及流行度。为衡量基于智能大屏平台的推荐方法的推荐效果，在推荐效果分析中引入MovieLens数据集的协同过滤推荐结果。MovieLens数据集是公开的电影与用户评分数据集，可以使用此数据集通过离线实验测评基础算法的推荐效果，此数据集的评分方式为显式用户评分。

（一）基于用户的协同过滤

基于用户的协同过滤方式下，分别取K=5、10、20、40，使用显式评分方式的MovieLens数据集和隐式评分方式的OTT数据集进行对比实验，得到的实验结果数据如表41、表42以及变化趋势对比如图43、图44、图45、图46：

表41　MovieLens数据集显式评分方式使用用户协同过滤评价结果

K	准确率（%）	召回率（%）	覆盖率（%）	流行度
5	16.99	8.21	51.33	6.813293
10	20.59	9.95	41.49	6.978854
20	22.99	11.11	33.17	7.10162
40	24.50	11.83	25.87	7.203149

表42　OTT数据集隐式评分方式使用用户协同过滤算法评价结果

K	准确率（%）	召回率（%）	覆盖率（%）	流行度
5	10.07	2.61	94.03	6.562324
10	15.66	4.06	95.19	6.617036
20	21.9	5.68	95.25	6.718619
40	28.3	7.34	93.77	6.928655

准确率：与显式评分方式相比，隐式评分方式在K值较小时推荐的准

确率较低，但随着K值增大，准确率能够超过显式评分方式。因此，隐式评分方式在此条件下随着K值增大能够获得更好的准确性。

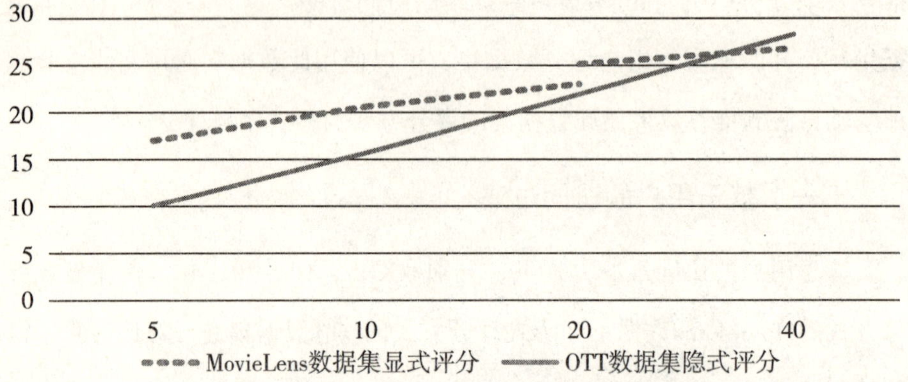

图43　用户协同过滤下显隐式评分准确率随K值变化

召回率：显式评分方式与隐式评分方式的召回率均随着K值的增大而缓慢增加，但可以看出隐式评分方式的召回率始终低于显式评分方式的召回率。

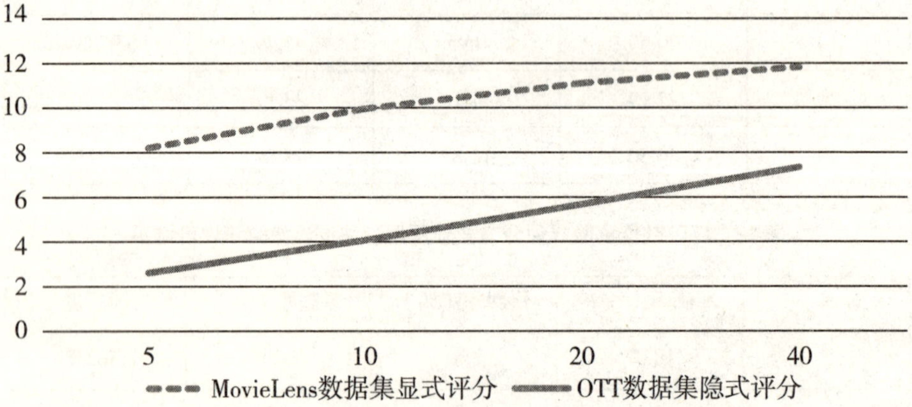

图44　用户协同过滤下显隐式评分召回率随K值变化

覆盖率：隐式评分方式的覆盖率能达到90%以上，明显高于显式评分数据集所得到的覆盖率。并且随着K值的增加，覆盖率下降的幅度也更小，覆盖率能够维持在较高的数值上。

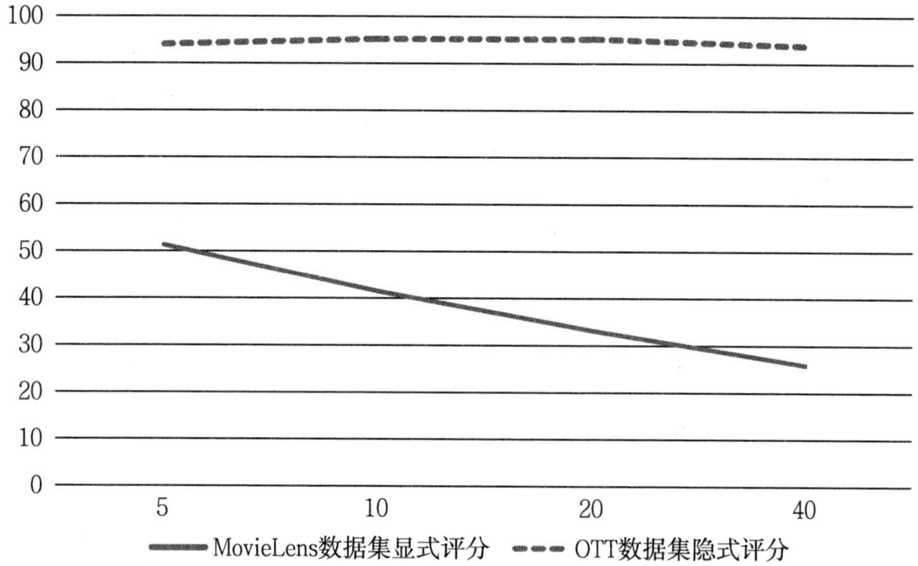

图45　用户协同过滤下显隐式评分覆盖率随K值变化

流行度：两种方式的流行度均随着K值的增大而增加，且变化幅度较小。

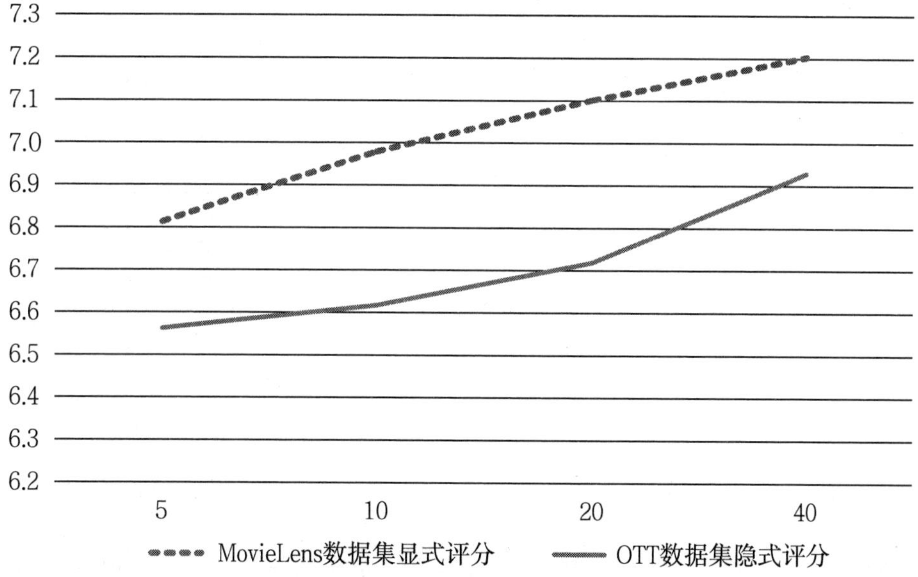

图46　用户协同过滤下显隐式评分流行度随K值变化

通过对比可以看出，基于用户的协同过滤算法中，随着K的增加各指标的增减趋势相同，并且指标实际数值相差不大。这说明隐式评分获取模型在基于用户的协同过滤算法中确实能够代替显式评分获得较好的推荐效果。同时，随着K值持续增大，隐式评分的准确率比显式评分更高，说明隐式评分方式随着K值的增大，准确率的提升更明显。同时隐式评分方式比显式评分的覆盖率更高且变化幅度更稳定，流行度也一直比显式评分方式更低，在平台资源利用方面效果更好。

（二）基于项目的协同过滤

在基于项目的协同过滤方式下，分别取K=5、10、20、40，使用显式评分方式的MovieLens数据集和隐式评分方式的OTT数据集进行对比实验，得到的实验结果数据表以及变化趋势对比折线图如图47：

表43　MovieLens数据集显式评分方式使用项目协同过滤算法评价结果

K	准确率（%）	召回率（%）	覆盖率（%）	流行度
5	16.99	8.21	51.33	6.813293
10	20.59	9.95	41.49	6.978854
20	22.99	11.11	33.17	7.10162
40	24.50	11.83	25.87	7.203149

表44　OTT数据集隐式评分方式使用项目协同过滤算法评价结果

K	准确率（%）	召回率（%）	覆盖率（%）	流行度
5	10.07	2.61	94.03	6.562324
10	15.66	4.06	95.19	6.617036
20	21.9	5.68	95.25	6.718619
40	28.3	7.34	93.77	6.928655

准确率：显式评分方式与隐式评分方式的准确率随着K值的增加变化

幅度较小，并呈现先增后减的趋势。在K值不同的情况下，隐式评分方式的准确率均明显高于显式评分的准确率。

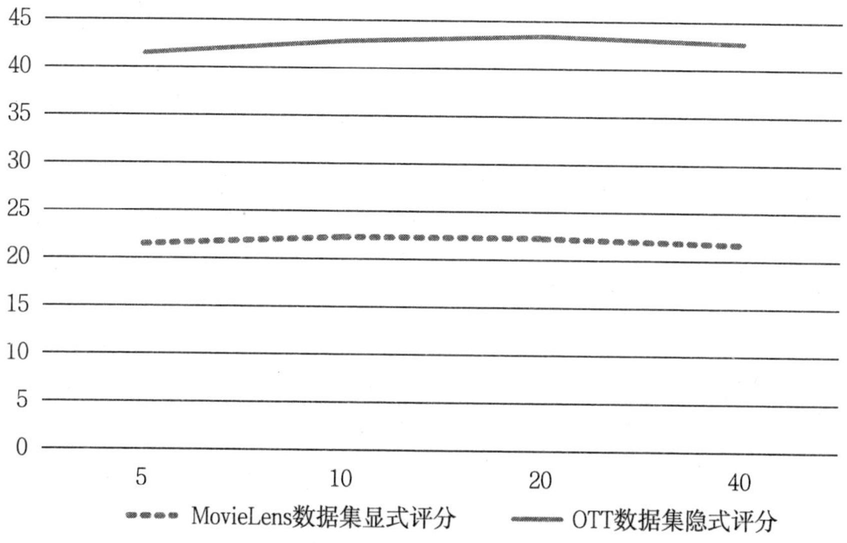

图47 项目协同过滤下显隐式评分准确率随K值变化

召回率：显式评分方式与隐式评分方式的召回率随着K值的增加变化幅度同样较小，且呈现先增后减的趋势，但隐式评分方式的召回率始终低于显式评分方式的召回率。

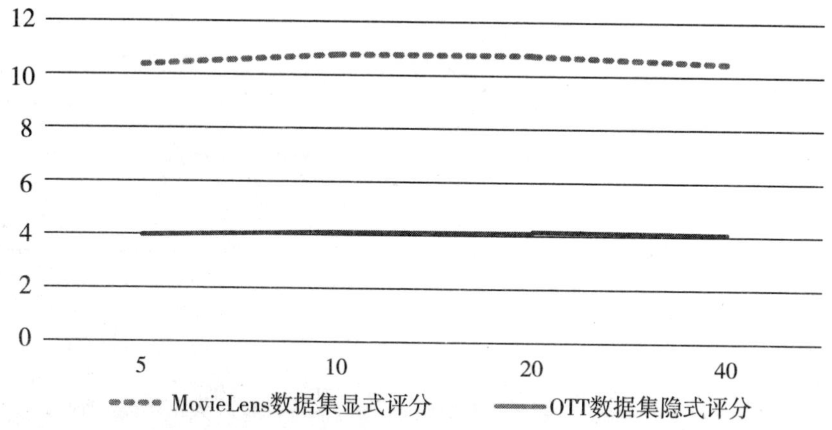

图48 项目协同过滤下显隐式评分召回率随K值变化

覆盖率：隐式评分方式的覆盖率随着K值的增大呈现出先略微增长而后下降的趋势；显式评分方式的覆盖率随着K值的增大持续缓慢下降。可以看出，隐式评分方式在覆盖率的表现上明显高于显式评分方式。

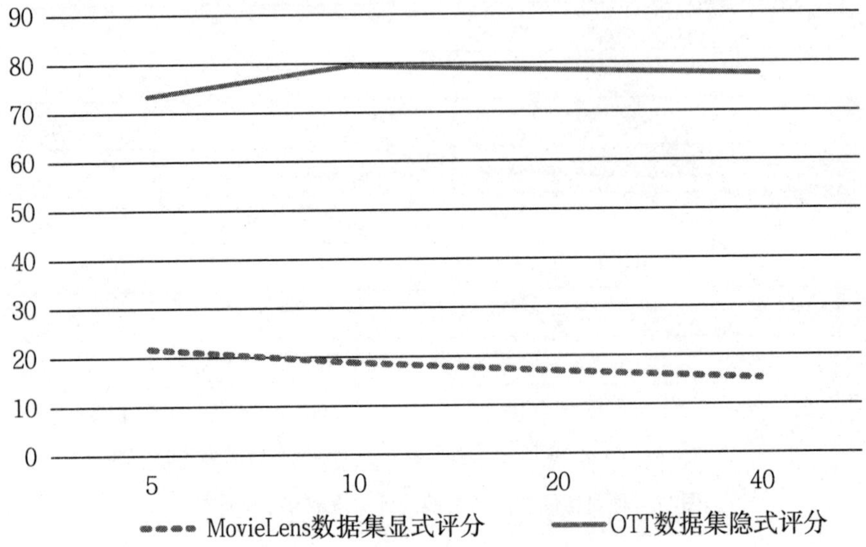

图49　项目协同过滤下显隐式评分覆盖率随K值变化

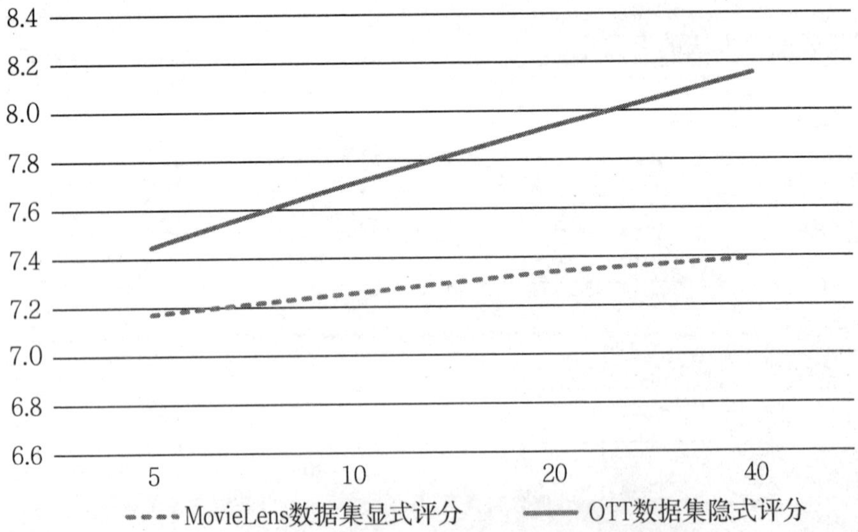

图50　项目协同过滤下显隐式评分流行度随K值变化

流行度：两种方式的流行度均随着K值的增大而增加，隐式评分方式流行度的增长幅度更大。

通过对比可以看出，基于项目的协同过滤算法中，随着K值的增加各指标的增减趋势基本相同，并且在准确率和覆盖率两项指标中，隐式评分推荐结果更好。这说明隐式评分获取模型在基于项目的协同过滤算法中也能够代替显式评分获得较好的推荐效果，并且隐式评分方式通过高覆盖率能够更好地利用平台的节目资源。

二、基于项目的协同过滤与基于用户的协同过滤对比

基于项目的协同过滤算法与基于用户的协同过滤算法在实际应用中会因为平台类型的不同产生不同的推荐效果。实验使用的数据集为2018年6月的直点播数据，隐式评分获取方式使用公式（10），即用最直接的用户收看节目时长与节目总时长的比值代表用户对该节目的评分。评价指标采用准确率、召回率、覆盖率和流行度四项，在K=10时进行对比，实验结果如下：

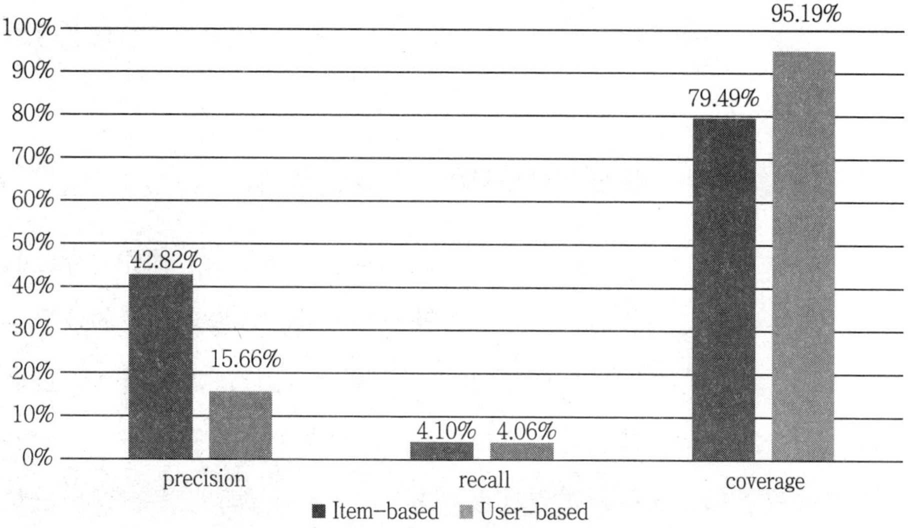

图51　两种协同过滤算法推荐效果对比

表45 两种协同过滤算法评价结果

评价指标	基于项目的协同过滤推荐	基于用户的协同过滤推荐
准确率	42.82%	15.66%
召回率	4.10%	4.06%
覆盖率	79.49%	95.19%
流行度	7.70	6.62

根据实验结果可以看出，基于项目的协同过滤算法在准确率上有更好的表现。实验结果显示准确率为43%，表示这一方法所推荐的节目有43%都被用户所选择，比基于用户的协同过滤算法准确率高出27%。说明在实际应用中，基于项目的协同过滤能够产生更准确的推荐结果。另一个有较大差异的指标是覆盖率。基于用户的协同过滤算法覆盖率达到了95%，比基于项目的协同过滤的方法高出16%。覆盖率代表了系统对长尾的推荐能力，从数据结果可以看出，基于用户的协同过滤能够将更多的视频节目纳入推荐结果中，照顾到了长尾节目。而另两个指标召回率和流行度在这两种方法中没有明显的差异。

三、隐式评分获取模型不同对结果的影响

用户隐式评分获取的准确度会对结果产生较大的影响，而隐式评分的改进却有利有弊。一方面，隐式评分模型的改进能够提升推荐的效果；另一方面，评分改进会增加计算量，影响运算速度。因此隐式评分改进的效果需要进行评估以确定是否值得消耗更大的算力进行隐式评分模型的优化。公式（14）表示将用户满意度作为隐式评分获取模型，即用户观看时长与视频总时长的比值，这是基于视频的隐式评分获取基础。公式

（17）和（19）分别对用户隐式评分做了调整。公式（17）引入了置信度函数对评分进行优化；公式（19）引入了视频的长度标量对隐式评分模型进行优化。实验使用的数据集为2018年6月的直点播数据，采用基于项目的协同过滤算法为基础，取N=10，分别测试不同隐式评分方式对推荐效果的影响。评价指标采用准确率、召回率、覆盖率和流行度四项。结果如表46：

表46 不同隐式评分方式评价结果

评价指标	满意度	置信度	长度标量
准确率	42.82%	42.70%	44.33%
召回率	4.10%	4.09%	4.25%
覆盖率	79.49%	79.35%	78.53%
流行度	7.04	7.05	7.76

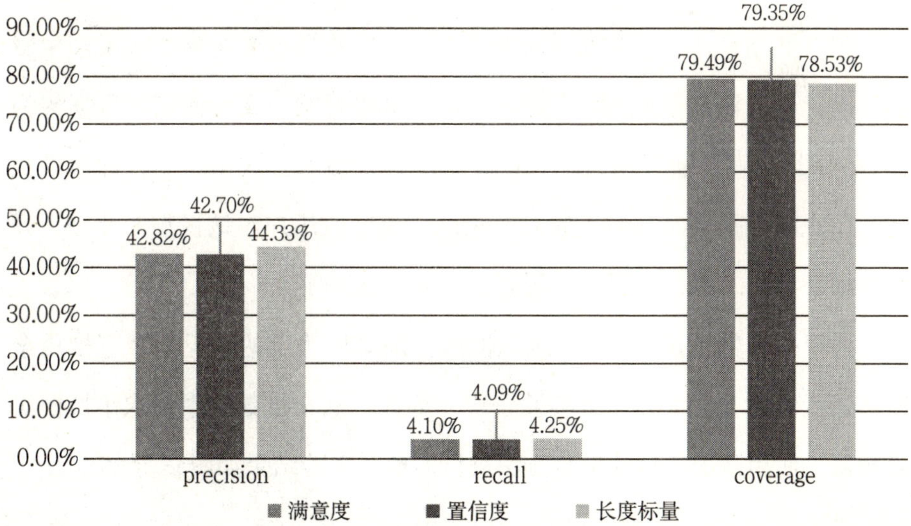

图52 不同隐式评分方式推荐效果对比

实验结果可以看出，由于增加置信度和长度标量都是以用户的满意度公式为基础，因此三种方法在各项指标上只有微小的差异。从实验结果来看，增加置信度对推荐结果并没有提升，反而会影响推荐的效果。其准确率、召回率和覆盖率都有微小的下降，而流行度指标稍有上升。流行度越高表示推荐的结果越热门，理论上来说，流行度的上升也意味着推荐效果的下降。因此可以得出结论，引入置信度曲线不能提高推荐的效果。

而长度标量的引入能够为推荐效果带来提升。其中准确率提升了1.51%，召回率也有微小的提升。这说明长度标量的引入能够提升推荐的精度。而覆盖率的下降和流行度的微小提升显示出在精度提升的同时，这种隐式评分模型的改进也缩小了推荐范围，将推荐向热门视频靠拢。这也能反映出大多数用户的观看行为带有相似性，热门视频的流行度很高。

四、TOP-N算法中K值选取对推荐结果的影响

在TOP-N算法中，在最终的推荐数量K的选择也会对推荐效果产生影响。因此实验测试了K的取值对于推荐结果的影响。实验使用的数据集为2018年6月的直点播数据，隐式评分获取方式使用公式（14），即用最直接的用户收看视频时长与视频总时长的比值代表用户对该视频的评分。评价指标采用准确率、召回率、覆盖率和流行度四项。

由于样本数据量较大，在K的取值范围难以确定的情况下，直接用全样本进行实验会极大地降低实验进程。因此，从全量数据中抽取小规模实验数据，使用基于项目的推荐方法进行实验。实验结果如图53所示：

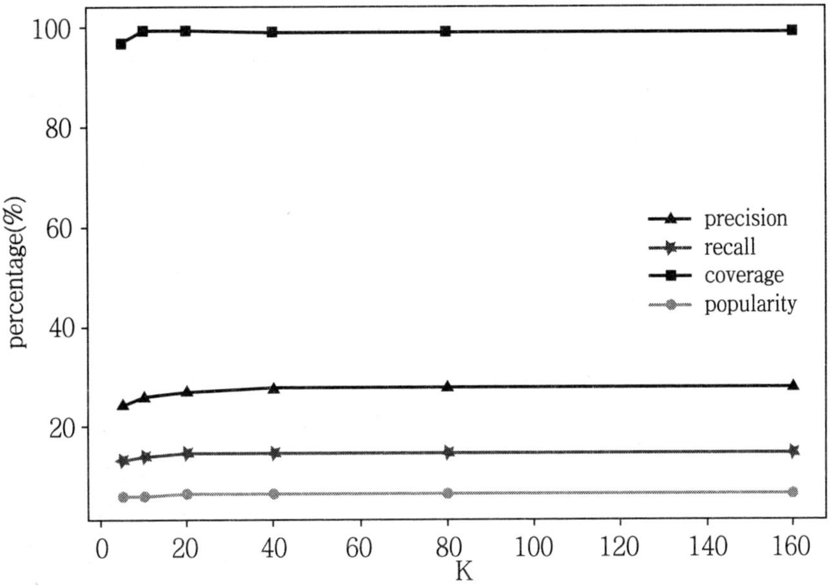

图53　测试样本在不同K值下的推荐效果

从实验结果可以看出，各项指标在K=20时基本趋于平稳，当K>20时，随着K值的增大，评价指标结果有轻微的浮动但总体与K=20时的推荐结果接近。因此，在全样本实验中，K的取值范围在[0,20]增多采样点，对K>20的部分扩大间隔范围进行取值测试以描绘变化趋势。图54为使用基于项目的推荐方法进行的全样本实验结果，实验结果数据如表47所示：

表47　项目基础隐式评分协同过滤在不同K值下的推荐效果

K	准确率（%）	召回率（%）	覆盖率（%）	流行度
1	32.27	3.09	34.70	7.017228
2	37.84	3.63	53.16	7.161325
3	39.97	3.83	63.71	7.265320
4	40.81	3.91	69.68	7.368352
5	41.48	3.98	73.40	7.447268

续表

K	准确率（%）	召回率（%）	覆盖率（%）	流行度
6	41.83	4.01	75.42	7.521479
7	42.29	4.05	76.64	7.585459
8	42.60	4.08	77.53	7.633707
9	42.66	4.09	78.54	7.674558
10	42.82	4.10	79.49	7.704259
11	43.10	4.13	79.58	7.737458
15	43.41	4.14	79.01	7.835648
20	43.44	4.15	78.52	7.934965

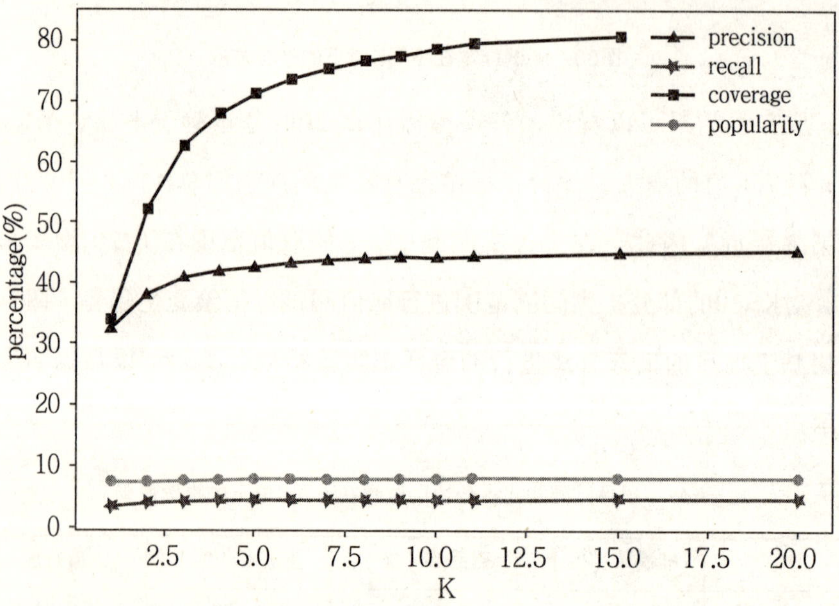

图54　项目协同过滤基础隐式评分在不同K值下的推荐效果

由实验结果可见，基于项目的协同过滤算法随着K值的增加，准确率和召回率都随之上升，且增长率持续下降，数据趋于收敛。K的取值在[0,10]时，上升幅度较大。其中，覆盖率由于受到推荐个数的直接影响，变化幅度最大。在K>10后覆盖率的值趋于平稳，不再有大范围波动。

表48和图55表示的是在加入长度标量的隐式评分方法情况下，基于项目的协同过滤算法在不同K值下的推荐效果。在前面的实验中已经得出，增加长度标量的隐式评分能够获得更好的推荐效果，因此观察此方法在不同K值时的表现，以获得更优的推荐效果。

表48　项目协同过滤长度标量隐式评分在不同K值下的评价结果

K	准确率（%）	召回率（%）	覆盖率（%）	流行度
1	32.27	3.09	34.30	7.044712
2	38.22	3.66	52.29	7.218897
3	40.79	3.91	62.41	7.343574
4	41.91	4.01	67.84	7.442364
5	42.65	4.08	71.34	7.525246
6	43.30	4.15	73.43	7.591908
7	43.75	4.19	75.08	7.656403
8	44.08	4.22	76.41	7.702073
9	44.22	4.23	77.47	7.734482
10	44.33	4.25	78.53	7.764208
11	44.45	4.28	79.41	7.792123
15	45.02	4.31	80.38	7.831239
20	45.14	4.32	81.52	7.892421
25	44.45	4.26	77.94	8.058061
30	44.05	4.22	77.71	8.107230
50	43.27	4.14	77.21	8.202498
100	43.63	4.18	76.89	8.253052

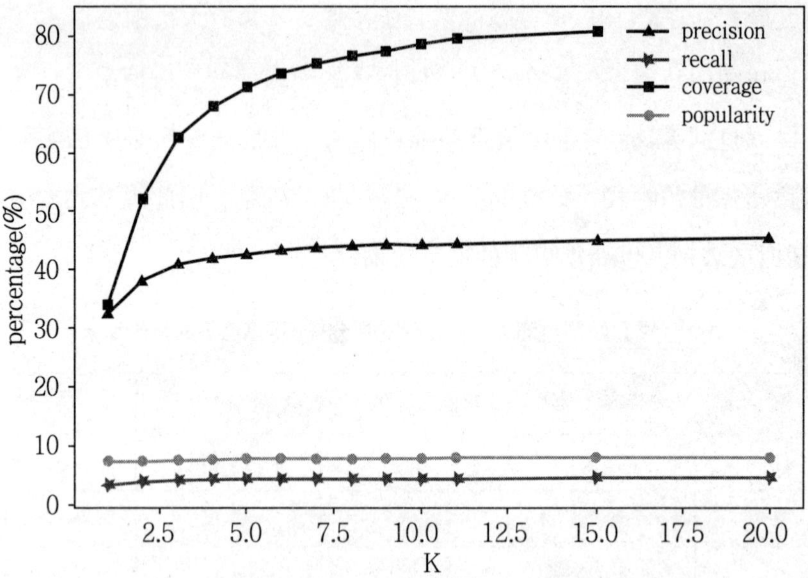

图55　项目协同过滤长度标量隐式评分在不同K值下的推荐效果

根据实验结果，在优化了隐式评分方式后，伴随K值增加，准确率、召回率和覆盖率都经历了由升到降的变化趋势，在K=20时三项指标都达到最高，此时推荐效果最好；而流行度随着K值的升高持续增大，这表明K值的增高使得推荐结果向更热门的节目偏移。因此K=20时能够获得最优的推荐结果，而过高的K值不仅不能持续提升推荐效果，反而会对推荐的最终结果产生不良影响。

表49和图56所示是基于用户的协同过滤算法在基于满意度的隐式评分情况下，不同K值对应的推荐效果。

表49　用户协同过滤在不同K值下的推荐效果

K	准确率（%）	召回率（%）	覆盖率（%）	流行度
1	2.43	0.63	84.47	6.528445
2	4.75	1.23	90.37	6.53964
3	6.75	1.75	92.36	6.544836

续表

K	准确率（%）	召回率（%）	覆盖率（%）	流行度
4	8.53	2.21	93.39	6.551485
5	10.07	2.61	94.03	6.562324
6	11.43	2.97	94.48	6.57498
7	12.64	3.28	95.19	6.585547
8	13.75	3.57	95.25	6.594976
9	14.75	3.83	95.19	6.605755
10	15.66	4.06	95.19	6.617036
11	16.52	4.29	94.99	6.625412
15	19.27	5	95.44	6.663086
20	21.9	5.68	95.25	6.718619
30	25.62	6.65	94.74	6.82747
40	28.3	7.34	93.77	6.928655
50	30.33	7.87	92.75	7.01858

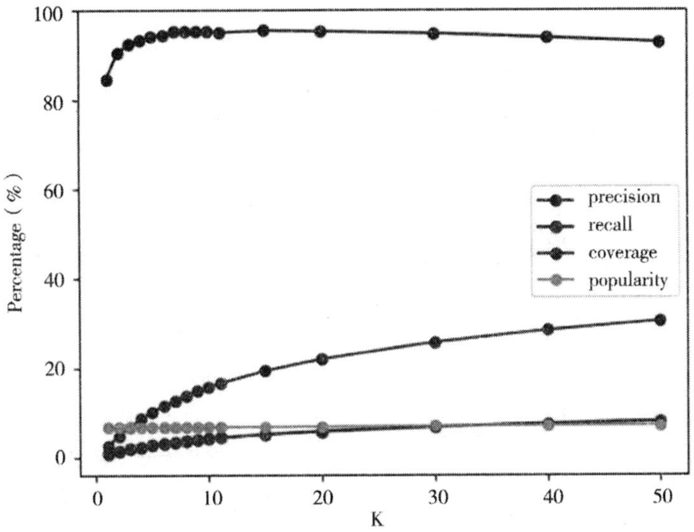

图56　用户协同过滤在不同K值下的推荐效果

根据实验结果，基于用户的协同过滤算法对K值的敏感度更高。随着K

值的增大，准确率和召回率都不断增加，并且收敛状态更弱。流行度随K值增加得不明显，能较好地控制推荐的新颖度。覆盖率在K=10时出现了峰值，随后缓慢下降，但覆盖率始终能维持在较好的状态中。这表明在推荐数量非常大时，基于用户的推荐算法能够有较好的推荐效果。

第五节　结论与展望

一、主要结论

本文对智能大屏节目个性化推荐进行了探索和实验，研究发现：

第一，整体来看，基于项目的协同过滤在智能大屏的推荐效果要优于基于用户的协同过滤方法。在相同的隐式评分方式下，与基于用户的协同过滤方式相比，基于项目的协同过滤在准确率和召回率上更高，但覆盖率更低，从流行度上看，推荐的节目也更加热门。

第二，隐式评分方式能够代替显式评分，在智能大屏产生更好的推荐效果。推荐结果指标显示，在基于用户的协同过滤模式下，随着K值的增大，隐式评分的准确率和覆盖率、流行度指标均优于显式评分，相应的召回率却比显式评分方式低。在基于项目的协同过滤模式下，隐式评分的准确率相比显式评分有明显提升，覆盖率也优于显式评分，召回率略低，流行度稍高。

第三，引入置信度的隐式评分改进方式并不能带来更优的推荐效果，而引入长度标量的隐式评分改进方式能够略微提升推荐效果。引入了置信度函数和视频长度标量概念隐式评分的方式进行优化。实验证明，通过视频长度标量方式对隐式评分进行改进，能够获得更优的推荐效果；置信度函数这种改进方式虽然在理论分析上看似可行，但实际应用中不仅不能产生更优的推荐效果，反而增加了系统的计算量。

第四，在对用户进行推荐时，推荐数量也会影响推荐结果。通过对不同K值下推荐效果的测试，基于项目的协同过滤算法在推荐数量为20左右时，四项评价指标均达到最优标准，达到最优推荐效果；基于用户的协同过滤算法随着K值的增大推荐效果会持续得到提升。

二、管理启示

对于智能大屏而言，视频节目个性化推荐的最终目的是提升平台的用户活跃度、增加用户黏性与持续吸引新用户，进而为平台盈利。本研究对于平台方的管理启示，有如下两点：

第一，可以尝试利用个性化推荐系统充分调动平台的长尾视频资源。目前，大多平台的视频推荐页面推荐的都是当下最热门的节目，而平台中的冷门节目知名度低，难以被用户选择。在智能大屏平台上，有大量的长尾视频节目占据着数据库资源却并不能真正为平台盈利。基于用户的协同过滤算法能够持续保持高于90%的覆盖率，这表明推荐结果能够覆盖超过90%的平台资源，长尾资源可以得到充分调动；较低的流行度也表明其推荐的结果并非都是热门视频节目，同样印证了其对长尾资源的发掘能力；并且各项指标随着K值的增大能够持续得到提升。因此，应用基于用户的协同过滤个性化推荐系统产生数量较多的推荐结果提供给用户选择，有利于充分利用长尾视频资源作为个性化推荐的素材，既可以提升为用户推荐内容的新颖度，给用户带来惊喜；又可以帮助长尾视频获得更多的评分信息，丰富推荐系统的“用户-项目”评分数据，从而获得更优的推荐结果。

第二，可以尝试在应用个性化推荐系统时丰富个性化推荐页面。智能大屏的一大特征是单一设备的用户数量不固定且构成方式复杂，因此将个性化推荐系统在智能大屏平台上进行实际应用时，要考虑将用户进行区分的投放方式。因此一个可行的个性化推荐方式，是在每个类别的页面上均进行少量视频的个性化推荐。在本研究中，为了项目的协同过滤在推荐数量较少的情况下，能够得到更优的推荐效果，在视频分类页面中可以采用基于项目的协同过滤进行推荐，这样可以对家庭中不同视频偏好者进行更好的区分。

三、创新与不足

本研究的主要创新点有以下四个方面：第一，通过用户收视行为建立隐式评分获取模型，解决了协同过滤算法在智能大屏平台应用过程中评分难以获取的问题。实验结果表明，隐式评分模型能够替代显式评分获得更好的推荐效果。第二，探索了隐式评分模型的改进方向，发现通过引入视频长度标量对隐式评分进行改进，能够获得更优的推荐效果。第三，探究了协同过滤算法中，基于用户的协同过滤与基于项目的协同过滤在推荐结果上的差异，基于项目的协同过滤推荐更精准，基于用户的协同过滤更能照顾到视频平台的长尾资源。第四，测试了TOP-N算法中N的取值对推荐结果的影响，基于用户的协同过滤更适用于推荐数量多的情景下，而基于项目的协同过滤在推荐结果为20时能够获得更好的推荐结果。

但本研究也有不足之处。主要体现在：第一，由于协同过滤算法需要用户的历史行为信息作为推荐的依据，因此无可避免地会带来冷启动问题，这在具体应用中会成为系统的一大限制。第二，本研究重点关注了协同过滤算法，在实际的商业应用中还需整合多种推荐方法以进一步优化推荐效果。

基于以上不足，展望未来智能大屏平台的个性化推荐研究，还有许多工作值得深入探索。第一，解决冷启动问题。对于冷启动问题，有许多学者提出了各种各样的策略进行解决。解决冷启动问题的主流思想是将协同过滤算法与其他算法进行结合，通过其他途径收集到用户的个人信息和项目的具体信息进行前情分析，以弥补协同过滤算法在冷启动时的失效问题。未来，如何在不增加用户交互压力的情况下解决平台的冷启动问题是可行的研究方向。第二，本研究虽然证明了隐式评分能够更好地刻画用户偏好，提升推荐效果，但用户的行为与其兴趣偏好之间的联系仍然是一个值得研究问题，比如不同类型视频的重复收看时间间隔、热门视频与非热门视频的收看行为差异，这些都可能进一步提升隐式评分的效果。第三，在技术与伦理的争论上，个性化推荐在应用越来越普及的同时也带来了社会伦理的质疑。有学者指出，在新闻的个性化推荐方面，对于用户行为的收集和算法的执行，用户应该拥有更多的知情权，并且个性化推荐可能会降低用户信息接触的多元化。未来的算法应将“公众应该知道什么”和“公众想要知道什么”的问题完美地结合在一起，让信息技术服务社会，创造和谐、健康的网络环境和现实世界。不仅是新闻的个性化推荐，视频节目的推荐算法所带来的伦理问题也将在其普及之时引发同样的争论，这也是在今后的推荐方法中需要进一步研究的问题。

PART
FIVE

参考文献

[1] Adomavicius G, Tuzhilin A. *Toward the next generation of recommender systems: A survey of the state-of-the-art and possible extensions* [J] . IEEE Transactions on Knowledge and Data Engineering, 2005,17 (6) :734–749.

[2] B Krulwich, C Burkey. *Learning user information interests through extraction of semantically significant phrases* [C] . Proceedings of the AAAI Spring Symposium on Machine Learning in Information Access, 1996:100–112.

[3] Balabanovi, Marko, Shoham, Yoav. *Fab: Content-based, collaborative recommendation* [J] . Communication of the Acm, 1997,40 (3) :66–72.

[4] Baoli L, Qin L, Shiwen Y. *An adaptive k-nearest neighbor text categorization strategy* [J] . ACM Transactions on Asian Language Information Processing, 2004, 3 (4) :215–226.

[5] Berlyne D E. *Novelty, complexity, and hedonic value* [J] . Perception & psychophysics, 1970,8 (5) :279–286.

[6] Billsus D, Pazzani M J. *A hybrid user model for news story classification* [M] . UM99 User Modeling. Springer Vienna, 1999.

[7] Billsus D, Pazzani M. *Learning collaborative information filters* [C] . In Proceedings of the International Conference on Machine Learning, 1998.

[8] Breese J S, Heckerman D, Kadie C. *Empirical analysis of predictive algorithms for collaborative filtering* [J] . Uncertainty in Artificial Intelligence, 2013.

[9] Burke R. *Hybrid recommender systems: Survey and experiments*

［J］. User Modeling and User-Adapted Interaction, 2002,12（4）:331-370.

［10］Chen Y C, Huang H C, Huang Y M. *Community-based program recommendation for the next generation electronic program guide*［J］. IEEE Transactions on Consumer Electronics, 2009,55（2）:707-712.

［11］Comstock G, Scharrer E. *Television: What's on, who's watching, and what it means*［M］. Academic Press, 1999.

［12］Coombs C H, Avrunin G S. *Single-peaked functions and the theory of preference*［J］. Psychological Review, 1977,84（2）:216.

［13］Cotter P, Smyth B. *PTV: Intelligent personalised TV guides*［C］. Proceedings of the Seventeenth National Conference on Artificial Intelligence and Twelfth Conference on on Innovative Applications of Artificial Intelligence, July 30-August 3, 2000, Austin, Texas, USA. AAAI Press, 2000.

［14］Dron J, Mitchell R, Siviter P, et al. *CoFIND—An experiment in N-dimensional collaborative filtering*［J］. Journal of Network and Computer Applications, 2000,23（2）:131-142.

［15］Etkin J. *Choosing variety for joint consumption*［J］. Journal of Marketing Research, 2016,53（6）:1019-1033.

［16］Fletcher J. *Social interactions in adolescent television viewing*［J］. Archives of Pediatrics & Adolescent Medicine, 2006,160（4）: 383-386.

［17］Godes D, Mayzlin D. *Using online conversations to study word-of-mouth communication*［J］. Marketing Science, 2004,23（4）:545-560.

［18］Goldberg D, Nichols D A, Oki B M, et al. *Using collaborative filtering to weave an information TAPESTRY*［J］. Communications of the

ACM, 1992,35（12）:61–70.

［19］Goldberg K, Roeder T, Gupta D, et al. *Eigentaste: A constant time collaborative filtering algorithm*［J］. Information Retrieval, 2001,4（2）:133–151.

［20］Haruna K, Ismail M A, Damiasih D, et al. *A collaborative Approach for research paper recommender system*［J］. PLoS ONE, 2017,12（10）:e0184516.

［21］Hauver D B, French J C. *Flycasting: Using collaborative filtering to generate a playlist for online radio*［M］. IEEE, 2001.

［22］Heckman J J. *Heterogeneity and state dependence*［M］. Studies in labor markets. University of Chicago Press, 1981:91–140.

［23］Herlocker J L, Konstan J A, Borchers A, et al. *An algorithmic framework for performing collaborative filtering*［C］. SIGIR '99: Proceedings of the 22nd Annual International ACM SIGIR Conference on Research and Development in Information Retrieval, August 15–19, 1999, Berkeley, CA, USA. ACM, 1999.

［24］Huber Wolfgang, Sklyar Oleg, Toedling Joern. *Ringo – an R/Bioconductor package for analyzing ChIP–chip readouts*［J］. Bmc Bioinformatics, 2007,8（1）:1–4.

［25］Iguchi K, Hijikata Y, Nishida S. *Individualizing user profile from viewing logs of several people for TV program recommendation*［C］. Proceedings of the 9th International Conference on Ubiquitous Information Management and Communication, 2015:1–8.

［26］Kahn B E, Isen A M. *The influence of positive affect on variety seeking among safe, enjoyable products* [J] . Journal of Consumer Research, 1993,20 (2) :257–270.

[27] Kim K J, Ahn H. *A recommender system using GA K-means clustering in an online shopping market* [J] . Expert Systems With Applications, 2008,34 (2) :1200–1209.

[28] Kinjo K, Ebina T. *State-dependent choice model for TV programs with externality: analysis of viewing behavior* [J] . Journal of Media Economics, 2015,28 (1) :20–40.

[29] Kuo R J, Ho L M, Hu C M. *Integration of self-organizing feature map and K-means algorithm for market segmentation* [J] . Computers and Operations Research, 2002,29 (11) :1475–1493.

[30] Lang K. *NewsWeeder: Learning to filter net-news* [C] . Twelfth International Conference on International Conference on Machine Learning. Morgan Kaufmann Publishers Inc, 1995.

[31] Lattin J M. *A model of balanced choice behavior* [J] . Marketing Science, 1987,6 (1) :48–65.

[32] Lee H, Lee S, Kim H, et al. *Personalized recommendation schemes for DTV channel selectors* [J] . IEEE Transactions on Consumer Electronics, 2006,52 (3) :1064–1068.

[33] Leibenstein H. *Bandwagon, snob, and Veblen effects in the theory of consumers' demand* [J] . The Quarterly Journal of Economics, 1950,64 (2) :183–207.

[34] Levav J, Zhu R. *Seeking freedom through variety* [J] . Journal of Consumer Research, 2009,36 (4) :600–610.

[35] Madadipouya K, Chelliah S. *A literature review on recommender systems algorithms, techniques and evaluations* [J]. BRAIN: Broad Research in Artificial Intelligence and Neuroscience, 2017,8(2):109–124.

[36] Martinez A B B, Arias J J P, Vilas A F, et al. *What's on TV tonight? An efficient and effective personalized recommender system of TV programs* [J]. IEEE Transactions on Consumer Electronics, 2009,55(1):286–294.

[37] Massa P, Avesani P. *Trust-aware recommender systems* [C]. In Proceedings of the 2007 ACM conference on Recommender systems. ACM, 2007: 17–24.

[38] McAlister L, Pessemier E. *Variety seeking behavior: An interdisciplinary review* [J]. Journal of Consumer research, 1982,9(3):311–322.

[39] McAlister L. *Choosing multiple items from a product class* [J]. Journal of Consumer Research, 1979,6(3):213–224.

[40] Menon S, Kahn B E. *The impact of context on variety seeking in product choices* [J]. Journal of Consumer Research, 1995,22(3):285–295.

[41] Menon S, Kahn B E. *The impact of context on variety seeking in product choices* [J]. Journal of Consumer Research, 1995,22(3):285–295.

[42] Mitchell D J, Kahn B E, Knasko S C. *There's something in the air: Effects of congruent or incongruent ambient odor on consumer decision making* [J]. Journal of Consumer Research, 1995,22(2):229–238.

[43] Mora J D, Ho J, Krider R. *Television co-viewing in Mexico: An assessment on people meter data* [J]. Journal of Broadcasting & Electronic Media, 2011,55(4):448–469.

[44] P Resnick, N Iacovou, M Suchack, et al. *GroupLens: an open architecture for collaborative filtering of netnews* [C]. In Proceedings of the ACM Conference on Computer Supported Cooperative Work, 1994:175–186.

[45] Park C W, Moorman C, Kohli R. *A strategic framework for predicting and managing consumer loyalty to need-satisfying alternatives* [J]. University of Wisconsin Working Paper, 1991.

[46] Petersen, Hansen. *Emotional nodes among lines of lyrics* [J]. 2011.

[47] Qi Y, Atallah M J. *Efficient privacy-preserving K-Nearest neighbor search* [C]. Distributed Computing Systems, 2008. ICDCS '08. The 28th International Conference on. IEEE, 2008.

[48] R. Burke. *Knowledge-based recommender systems* [J]. Encyclopedia of Library and Information Science, 2000: 181–201.

[49] Rong Pan. *One-Class collaborative filtering* [M]. The Europe Congerence on Machine Learning and Principles and practice of Knowledge Discovery in Databases, 2008.

[50] Rust R T, Alpert M I. *An audience flow model of television viewing choice* [J]. Marketing Science, 1984,3 (2) :113–124.

[51] Salter J, Antonopoulos N . *Cinemascreen recommender agent: Combining collaborative and content-based filtering* [J]. IEEE Intelligent Systems, 2006, 21 (1) :35–41.

[52] Sarwar B, Karypis G, Konstan J, et al. *Item-based collaborative filtering recommendation algorithms* [C]. Proceedings of the 10th international conference on World Wide Web, 2001:285–295.

[53] Shardanand U, Maes P. *Social information filtering: Algorithms for automating"word of mouth"* [C] . In Proceedings of the SIGCHI conference on Human factors in computing systems. ACM, 1995:210–217.

[54] Simonson I. *The effect of purchase quantity and timing on variety-seeking behavior* [J] . Journal of Marketing Research, 1990,27 (2) : 150–162.

[55] Trivedi A, Rai P, DuVall, et al. *Exploiting tag and word correlations for improved webpage clustering* [C] . In Proceedings of the 2nd International Workshop on Search and Mining User–Generated Contents. ACM, 2010:3–12.

[56] Van Meurs L. ZApp. *A study on switching behavior during commercial breaks* [J] . Journal of Advertising Research, 1998,38 (1) : 43–44.

[57] Vandenbosch L, Bekalu M A, Beyens I, et al. *The influence of peers on adolescents' television viewing behavior: Conformity to close peers' television preferences* [C] . International Communication Association, Date: 2012/05/24–2012/05/28, Location: Phoenix, USA, 2012.

[58] Westerik H, Renckstorf K, Wester F, et al. *The situational and time-varying context of routines in television viewing: An event history analysis* [J] . Communications, 2005,30 (2) :156–182.

[59] Wonneberger A, Schoenbach K, Van Meurs L. *Dynamics of individual television viewing behavior: Models, empirical evidence, and a research program* [J] . Communication Studies, 2009,60 (3) :235–252.

[60] Yang S, Narayan V, Assael H. *Estimating the interdependence of*

television program viewership between spouses: A Bayesian simultaneous equation model [J] . Marketing Science, 2006,25（4）:336–349.

[61] Zillmann D, Bryant J. *Affect, mood, and emotion as determinants of selective exposure* [J] . Selective Exposure to Communication, 1985: 157–190.

[62] 毕美乔：《面向IPTV用户的基于隐式反馈的协同过滤推荐算法研究》[D]，河北工业大学，2015。

[63] 高红波：《"互联网+电视"：中国电视融媒体产业的场域空间》[J]，现代传播，2018，040（009）：19–24。

[64] 高永晨：《从非言语交际视角看符号消费的多样性功能》[J]，苏州大学学报（哲学社会科学版），2011，32（04）：155–159。

[65] 何建平、李向阳、张薇：《深圳市南山区福利院老人的电视收视心理及行为研究》[J]，现代传播（中国传媒大学学报），2013，35（07）：52–56。

[66] 华经产业研究院：《2019–2025年中国智能电视行业市场调研分析及投资战略咨询报告》[EB/OL]，https://www.huaon.com/story/397654。

[67] 华扬数字营销研究院、勾正数据：《打开OTT广告的创新空间》[EB/OL]，http：//www.199it.com/archives/902899.html。

[68] 黄龙：《基于社交情境的智能电视媒体交互设计》[J]，传媒，2019（13）：47–49。

[69] 蒋力：《老年心理与收视行为特征简析》[J]，当代电视，2004（03）：46–48。

[70] 科大讯飞、奥维互娱：《 2020年中国智慧大屏发展预测》

[EB/OL]，http：//www.199it.com/archives/1010466.html。

[71] 孔维梁：《协同过滤推荐系统关键问题研究》[D]，华中师范大学，2013。

[72] 吕一丹：《傍晚时段电视收视的季节差异透视》[J]，市场观察，2012，（01）：112。

[73] 沈华柱：《论体育电视受众特征及收视趣味的变迁》[J]，当代电视，2014，（05）：97–99。

[74] 宋湘绮、李晴、黄菲菲：《"先网后台"电视剧播出模式探析》[J]，中国电视，2017，（12）：85–89。

[75] 吴进友：《我国智能电视产业发展的现状与发展策略》[J]，传媒，2014，（11）：51–53。

[76] 吴卫华：《影视产业大数据收视评估体系的建构与应用》[J]，编辑之友，2019，（06）：79–83。

[77] 项亮：《推荐系统实践》[M]，人民邮电出版社，2012。

[78] 辛乐、范玉顺、李想、倪亚宇：《基于服务信誉评价的偏好分析与推荐模型》[J]，计算机集成制造系统，2014，12：3170–3181。

[79] 徐立军：《智能电视收视大数据：标准与应用——CSM-huan智能电视实时收视系统解析》[J]，电视研究，2018，343（06）：27–30。

[80] 於志文、周兴社、谷建华、张勇：《电视节目个性化技术的研究》[J]，小型微型计算机系统，2005，（1）：105–110。

[81] 岳宇君、胡汉辉：《我国网络视听内容规制的重构：基于OTT TV的思考》[J]，河北法学，2019，37（12）：89–100。

[82] 张宁昳：《Amazon个性化推荐系统的文本组织结构研究》

[J]，图书与情报，2013，（05）：103-106+118。

[83]张顺军、陈功：《中国智能电视产业发展生态分析》[J]，当代传播，2015，（03）：56-58。

[84]张志威：《个性化推荐算法研究综述》[J]，信息与电脑（理论版），2018，（17）：27-29。

[85]赵守香、唐胡鑫、熊海涛：《大数据分析与应用》，航空工业出版社，2015。

[86]周建明、马璇：《个性化服务与圆形监狱：算法推荐的价值理念及伦理抗争》[J]，社会科学战线，2018，（10）：168-173。